Mani Neumeier

Kraut 'n'

Guru Guru Grooves

MASTERMINDS

Mani Neumeier

Kraut 'n' Rock

Guru Guru Grooves

MASTERMINDS

Ein Band der Reihe „Masterminds“
incl. Audio-CDs VLDCD 2011A & VLDCD 2011B
Verlegt vom Heupferd Musik Verlag
in Koperation mit Zweitausendeins
www.zweitausendeins.de
Herausgegeben von Christian Winkelmann

„Vive La Difference“ ist ein Label der Heupferd Musik Verlag GmbH
www.heupferd-musik.de
Cover, Textsatz & Layout: Y & M
Manufactured in Germany
ISBN 978-3-923445-10-3

DER INHALT

TROMMEL-MANI(E)

Von Volker Rebell

„Ich bring's einfach nicht fertig, immer nur den gleichen Scheiß' zu machen" (Mani Neumeier). Welche Band in Deutschland kann, erstens, auf eine bald 45-jährige Geschichte zurückblicken, kann, zweitens, auf eine musikalische Praxis verweisen, die nichts mit peinlichem Retrosound und Aufguss alter Hits zu tun hat, sondern den Herausforderungen der Jetztzeit musikalisch begegnet – und vermag es, drittens, mit immer wieder innovativen Alben und Auftritten sich an vorderster Front der eigenwilligen und unverwechselbaren Bands zu behaupten. Es gibt nur eine Gruppe in Deutschland, die alle drei Kriterien erfüllt: Guru Guru mit dem Urgestein im Zentrum: Schlagwerk-Guru Mani Neumeier. Zur musikalischen Frischzellenkur des inzwischen 70-jährigen Perkussions-Maniac Mani zählen seine Nebengruppen: Tiere Der Nacht, ein avantgardistisches Acid-Jazz-Experimentierfeld, daneben Lover 303 mit Conni Maly, ein Voodoo-Trance-Projekt mit Electronic-Loops und Soundsamples, weiterhin Acid Mothers Guru Guru, ein Psychedelic-Power-Trio, 2006 in Japan mit zwei japanischen Musikern ins Leben gerufen, dann nicht zuletzt Der Teufel und sein Guru, ein Elektro-Jazz-Duo mit dem Gitarristen Hans Reffert – und schließlich sein privates Klangkaleidoskop und Soloprojekt Terra Amphibia, eine Soundcollage aus Naturgeräuschen, Ambient-Atmosphären und Weltmusik-Grooves.

In Japan, wo man ihm besondere Wertschätzung entgegenbringt und ihn als wächserne Reproduktion ins Tokioter Wachsfiguren-Museum neben Jimi Hendrix gestellt hat, gilt Mani als Inbegriff des Kraut-Rock. Mani Neumeier, ein „German Kraut"? In der englischen und US-amerikanischen Umgangssprache werden die Franzosen „Frogs", Frösche, genannt, weil sich die Franzosen angeblich unentwegt an Froschschenkeln laben. Und die Deutschen nennt man „Krauts", nicht weil einer ihrer langjährigen Kanzler Kohl hieß, sondern weil sie in den Augen britischer Witzbolde und Karikaturisten ständig Kohl und Sauerkraut in sich hineinstopfen. Die angloamerikanische Rockszene benutzte den Begriff „Kraut" anfänglich eher abfällig, um damit den bundesdeutschen Rock der frühen siebziger Jahre zu ironisieren oder gar lächerlich zu machen. Gründe für diese Häme lieferten die Deutsch-Rock-Gruppen selbst nicht selten unfreiwillig: etwa so manche englisch singende Band durch ihr unverständlich bis falsch ausgesprochenes Kauderwelsch-Englisch, oder durch allzu schwülstiges Pathos oder durch eine stocksteife Kasernenhof-Rhythmik ohne Swing und Groove. Doch im Laufe der Jahrzehnte wandelte sich der Begriff „Krautrock" von einer Lachnummer zu einem Qualitätsbegriff. Die späte Wertschätzung, ja zum Teil fast kultische Verehrung von Deutschrock-Altmeistern der Siebziger wie Amon Düül II, Can, Kraftwerk und Guru Guru – eine späte Rehabilitation, die speziell in englischen Musikerkreisen ihren Anfang nahm – hat diesen Sinnes- und Bewertungswandel bewirkt. Nicht nur die englische Musikpresse betrieb plötzlich Wurzelforschung in Sachen Krautrock, auch die internationale Techno-Szene und die Vertreter des Neo-Psychedelic und New-Progrock zogen den Hut vor den Altvorderen des Krautrock. Während etliche Deutsch-Rocker der ersten Stunde entweder weihevoll oder sphärisch jenseitig daherkamen wie z.B die Berliner Tangerine Dream und Ash Ra Tempel, oder cool roboterhaft wie Kraftwerk aus Düsseldorf, oder avantgardistisch experimentell wie Can aus Köln, oder anspruchsvoll und gegenkulturell wie die Münchner Amon Düül und Embryo – jedenfalls meist ernsthaft, theoretisch untermauert und oft von teutonischer Schwere belastet – da kam das Musiker-Kollektiv Guru Guru aus der Wahlheimat Odenwald eher locker tänzelnd, dabei musikantisch hochkarätig und immer wieder lustvoll grinsend daher, dank der Späße von Mani Neumeier. Der Palmenzweig für die Heiterkeit im Krautrock gebührt ohne Zweifel Mani und seinen Freunden von Guru Guru. Man denke nur an Manis legendären „Elektrolurch" (1973), oder an all die komischen Hühner von „Chicken Rock" (1975) über „Dös War I" (mit dem Refrain ‚Jetzt lass' I alle Hühner fliegen', 1979) bis „Blue Huhn" (1981). Es wird berichtet, dass er bei Konzerten Käfige mit Hühnern auf die Bühne geschleppt, das Federvieh frei gelassen und ins Publikum gescheucht habe. Das Hühner-Gegacker zieht sich durch Manis Leben wie eine Art Leitmotiv, respektive Hühnerleiter-Motiv. Die Mär wird erzählt, dass Mani in frühester Jugend im Hühnerstall seiner Oma – nein, nicht Motorrad fuhr, auch nicht über die existenzielle Frage grübelte, was denn nun zuerst da war: das Huhn oder das Ei, sondern, dass er sich dort gerne aufhielt, um Eier zu sammeln und die Hennen und Hähne aus nächster Nähe zu beobachten und dabei ihre Bewegungsmotorik und Kräh/Gacker-Laute zu studieren.

Seine erste Rhythmus-Schule war eine Lehre als Spengler. Seitdem klopft und klöppelt er sich mit Manischer Perkussion und Präzision durchs Leben und erspielte sich den Ruf, einer der individuellsten, kreativsten und vielseitigsten Schlagwerker Europas zu sein. In den rund 55 Jahren seiner persönlichen Musikergeschichte hat er stilistisch fast alles getrommelt, was man unter dem weiten Mantel der populären Musik mit Trommelstöcken und rhythmischen Händen bearbeiten kann, von Freejazz bis Popsongs, von lärmendem Powerrock bis zu leisen

Ambient-Klängen, von Elektronik bis Tango und Calypso, von Krautrock bis Weltmusik, von strukturiertem Kreativ-Chaos bis imaginativen Sound-Tableaus. Ein Grund für diese chamäleonartige Bandbreite ist weniger ein ruheloser Suchtrieb, als vielmehr ein universelles Interesse an Musik und eine vielseitige Begabung.

Mani Neumeier wurde am 31.12.1940 in München geboren, zog als 13-jähriger mit seiner Familie nach Zürich und begann dort seine Musikerlaufbahn. Ab 1964 spielte er Jazz und improvisierte Musik mit dem Irene Schweizer Trio, gefolgt von Freejazz-Aktivitäten mit dem Manfred Schoof-Quintett, mit Alexander von Schlippenbach und Peter Brötzmann. Er machte Aufnahmen mit dem Globe Unity Orchestra, mit Wolfgang Dauner, Champion Jack Dupree, George Gruntz, Yusef Lateef und Philly Joe Jones. Auch mit John Mc Laughlin spielte er mehrmals zusammen, unmittelbar bevor McLaughlin bei Miles Davis und mit dem Mahavishnu Orchestra zum Weltstar im Jazzrock aufstieg. Der Jazzpapst Joachim Ernst Berendt lobte ihn damals als „größte rhythmische Begabung des deutschen Freejazz". Doch 1968 schlug Mani ein neues musikalisches Kapitel auf. Gemeinsam mit dem Bassisten Uli Trepte gründete er die Free-Rock-Gruppe Guru Guru. Live-Premiere feierte das anfängliche Trio im August 1968 auf dem Heidelberger „Holy Hill". Im September '68 folgten dann zwei große Auftritte, zum einen gemeinsam mit Tangerine Dream und Amon Düül bei dem Festival „Deutschland erwacht – Popmusik aus deutschen Landen" und, wenige Tage später, in der Essener Grugahalle anlässlich der „Internationalen Essener Songtage". Damit hatte sich Guru Guru etabliert und in Deutschland einen Namen gemacht. Dass sich Mani damals vom Jazz ab und dem Pop/Rock zuwandte, das begründete er so: sein Sinneswandel sei gekommen, als er gemerkt habe, dass die „ganzen jungen Zähne in den Beatschuppen verschwunden" seien und den Jazzern „nur der kalte Kaffee von gestern übrig geblieben" sei. „Frauen mögen keinen Jazz. Also spiele ich jetzt Rock'n'Roll."

Eine nicht minder wichtige Antriebsfeder war seine „Lust am elektrischen Sound" und seine Begeisterung für den psychedelischen Rock eines Jimi Hendrix. Im Jahre 1967 konnte man über Mani Neumeier und seine Inspirationsquellen als Schlagzeuger zum ersten Mal im Magazin Sounds Erhellendes lesen: „Alles, was täglich um mich herum raschelt, klingelt, knattert, quietscht, pfeift, rauscht, tröpfelt, poltert, kollert, schmatzt, flirrt, hämmert, brutzelt, schnarrt und IST". Sein Musiker-Kollege Hans Reffert schrieb 2001, Mani Neumeiers Lebens- und Trommel-Philosophie sei im Grunde sehr einfach. Für ihn seien „alle verfügbaren Klänge des Universums Musik: Geräusche, Dschungel-Töne, Fabrik-Klänge, Volksmusik, Jazz, Rock'n'Roll, Maschinen-Beats, serielle Musik – eine unendliche Sound-

Kollage". Das gilt bis heute und war auch schon in der Anfangszeit von Guru Guru zumindest ansatzweise hörbar. Auf den ab 1970 veröffentlichten Alben wie „UFO" (1970), „Hinten" (1971), „Känguru" (1972), „Don't Call Us We Call You" (1973) und „Dance Of The Flames" (1974) zelebrierten Guru Guru ein extravagantes und experimentierfreudiges Musikkonzept zwischen Underground, Acidrock, Jazzrock, Psychedelia, frühem Ethno-Beat und anarchischen Clownerien. Der Erfolg kam und ging und pendelt bis heute auf einem Niveau zwischen „ganz okay" und „Alle Achtung!".

Dann schrieb man das Jahr 1979. Der Jazzrock war mausetot und roch entsprechend. Komplexe Arrangements waren mega-out und geradezu verpönt. Der Punk hatte alles Ziselierte, Verschnörkelte, alles kunstvoll sich Gebärdende in Klump und Asche gehauen. Dann wurden die genialen Dilettanten des Punk allmählich von ambitionierteren New Wave-Musikern abgelöst. Angesagt war jetzt ein nicht mehr so wütendes Reindreschen mit drei Akkorden und schnellen Staccato-Rhythmen wie beim Punk, aber auch der New Wave blieb energisch, kantig, roh und verkündetet als Botschaft: Vergiss den alten Schrott der siebziger und sechziger Jahre, hier kommt die „Neue Welle", die alles Alte hinwegspült. Wen interessiert noch das künstlerisch wertvolle Rumgewichse, die verjazzte Rumfuddelei der Siebziger. New Wave macht alles neu. In diesem Jahr '79 steht ein gewisser Mani vor dem Studio-Mikrofon, sucht nach Worten für einen guten, zeitgemäßen Text, während seine Mitmusiker um ihn herum unbeirrt allerfeinste Jazzrock-Arrangements gekonnt spielen – nur, leider, altmodisch unzeitgemäß, völlig überholt, absolut zurückgeblieben, eben „70er-Jahre-mäßig". Und Mani ringt dazu nach Worten. Und er tut so – witzig ironisch – als fiele ihm nichts ein, außer dem Refrain: „Was für 'ne Welt!" – ein zeitloser Satz, ein ewig aktuelles, staunendes Zur-Kenntnisnehmen des letztlich nicht Begreifbaren.

„Was für 'ne Welt", das hatte schon fast etwas Philosophisches, wie es Mani damals so gelassen und quasi en passant in den Raum stellte. Und dieses Wundern über die Dinge und Zeitphänomene mit leicht anarchischem Blick, mit Ironie und Humor hat sich bis in die heutigen Songtexte von Mani Neumeier fortgesetzt – wobei die Worte bei Guru Guru in der Regel eine eher untergeordnete Rolle spielten. In Manis Texten findet sich dadaistischer Nonsens genauso wie tiefgründige Sinnsuche und engagierte Botschaften gegen Atomkraft und Intoleranz – niemals bierernst, sondern immer mit dem schalkhaften Augenzwinkern eines subversiven Schelm. Mani Neumeier bastelte mit Worten ähnlich spielerisch wie mit Klängen und Instrumenten. Er hat sogar eigene Klangerzeuger erfunden wie etwa das „Mani-Tom", eine aufblasbare Trommel, bei der durch erhöhten oder verminderten Luftinhalt der Klang modifiziert werden kann. Und, er bezog Tablas, indische Glokken, tibetische Becken und balinesische Gamelan-Instrumente in sein weitläufiges Drumset mit ein. „Ich spiele Orchester und kein Schlagzeug."

1977 erschien das Guru Guru-Album „Globetrotter", mit dem sich die Gruppe als Ethno-Rock-Pioniere profilierte. Mani entwickelte sich selbst in der Folgezeit zum Globetrotter, bereiste als Weltenbummler und Klang-Abenteurer vor allem den asiatischen Raum, war oft unterwegs zwischen Finkenbach im Odenwald (seinem deutschen Domizil, in dem über viele Jahre das allsommerliche Finki Open Air veranstaltet wird) und fernen Zielen in Nepal, Bali, Indien, Korea, Mongolei, Madagaskar, Australien und Japan. Aber nicht als Abhak-Tourist, nicht als „Globetrottel" war Mani auf Reisen, sondern als aufmerksamer Beobachter und Feldforscher auf der Suche nach inspirierenden Klängen und dem ultimativen Trommel-Groove. Manis CD-Trilogie „Terra Amphibia" erschloss neue Klangwelten.

Auf seinen Streifzügen durch die Welt hatte er als „leidenschaftlicher Ton-Jäger" immer ein Aufnahmegerät dabei, daneben aber auch Perkussionsinstrumente, „kleine Teile, die nicht schwer sind". So konnte er, wann immer sich die Gelegenheit ergab, lautmalerisch-perkussiv in Kommunikation mit seiner Umgebung treten – mit Vögeln, Affen und geheimnisvollen, verborgenen Klangräumen im Dschungel, an Gewässern oder in Siedlungen, mit allem, was kreucht und fleucht. Und natürlich trat er auch, wann immer möglich, in Kontakt mit einheimischen Musikern, deren ethnische Instrumente er gerne selbst spielerisch ausprobierte. Wieder zuhause angekommen, sondierte er seine Ausbeute an Tierlauten, Naturgeräuschen, spontanen Musik-Sessions und ließ sich inspirieren, mit diesem vielfältigen Klangmaterial musikalisch zu arbeiten. Manchmal alleine in meditativer Versenkung, oft auch zusammen mit befreundeten Musikern aus seiner Guru-Guru-(plus Ableger-) Community kreierte er ungemein originelle Sound-Gemälde, Ton-Trips, Ambient-Tracks, repetitive, minimalistische, fein gesponnene Gewebe voller Klangfantasie, trance-ähnlichen Schwingungen, hellwachen Traumbildern, leisen Laut-Impulsen und klanggewordener Lebensfreude, immer getragen von einem lebendigen Puls, dem unverwechselbaren Lebens-Rhythmus, der in den Adern dieses Ausnahmemusikers vibrierend fliest. In seinen „Terra Amphibia"-Klangkunstwerken breitet sich Manis Geist und Seele und seine Liebe zum Leben hörbar aus: erdverbunden und himmelweit, im freien Fluss mäandernd. Hier klingt alles nach dem spirituellen und weltoffenen Kosmos eines aufgeklärten, modernen Schamanen und Freigeist, der er ist – mit elektrischer, energetischer Verstärkung natürlich auch im Umfeld seiner diversen Rock-Formationen. Bei der Tournee der „Deutschen Rockhelden" im Jahre 2006, die ich organisieren und begleiten durfte, erlebte ich Mani Neumeier jeden Abend (an der Seite von Anne Haigis, Helmut Hattler, Ingo Bischof, Ali Neander und Andreas Neubauer) gleichermaßen als clownesken Musik-Entertainer wie als individuellen Trommel-Artisten und vom Publikum hochgeschätzte Persönlichkeit der deutschen Rock-Geschichte. Sein Schlagzeug- und Percussion-Solo gehörte immer zu den frenetisch bejubelten Höhepunkten des Konzertes. Vor allem seine Show-Einlage als Mischung aus Knecht Ruprecht und Rumpelstilz mit großem Sack über der Schulter löste stets Heiterkeit aus, wenn Mani seinen Sack mit dem Spruch „Suck it to me“ auf die Bühne entleerte. Blechschüsseln aller Größen purzelten dann auf den Bühnenboden und alle Köpfe der Zuschauer reckten sich, um verfolgen zu können, wie Meister Mani sein blechernes Schüssel- und Saucieren-Orchester klöppelnd bearbeitete und zu Höchstleistungen führte, was Tonvarianten der Blechnäpfe, Sprunghöhen der Saucieren und Rhythmen der rasenden Trommelstöcke anging. Als darüber diskutiert wurde, ob diese furiose Blechtrommelei auf dem Tonträger des Konzertmitschnitts mitenthalten sein solle, meinte Mani: „aber nur als Bonus-Dreck“.

DIE WERKE

Kraut 'n' Rock Vol.1
Guru Guru Grooves

Stone In
Text: U. Trepte, Musik: M. Neumeier, U. Trepte, A. Genrich.
Mani Neumeier (Drums, Vocal), Uli Trepte (Bass), Ax Genrich (Gitarre).
Spieldauer 5:43

Girl Call
Musik: M. Neumeier, U. Trepte, A. Genrich.
Mani Neumeier (Drums, Manitom, Vocal), Uli Trepte (Bass), Ax Genrich (Gitarre).
Spieldauer 6:21

Next Time See You At The Dalai Lama
Musik: M. Neumeier, U. Trepte, A. Genrich.
Mani Neumeier (Drums, O-Ton Recorder), Uli Trepte (Bass), Ax Genrich (Gitarre).
Spieldauer 5:58

Der LSD Marsch
Musik: M. Neumeier, U. Trepte, A. Genrich.
Mani Neumeier (Drums), Uli Trepte (Bass), Ax Genrich (Gitarre).
Spieldauer 8:30

Electric Junk
Text: U. Trepte, Musik: M. Neumeier, U. Trepte, A. Genrich.
Mani Neumeier (Drums, Percussion, Contactmike), Uli Trepte (Bass, Vocal, Earmike), Ax Genrich (Gitarre, Echogerät).
Spieldauer 11:01

Moroso
Text: M. Neumeier, Musik: M. Neumeier, R. Schaeffer.
Mani Neumeier (Drums, Vocal), Roland Schaeffer (Gitarre), Hellmut Hattler (Bass), Ingo Bischof (Synthesizer).
Spieldauer 4:11

Blue Huhn
Musik: M. Neumeier, R. Schaeffer, I. Bischof, B. Fischer.
Mani Neumeier (Synthesizer, Recorder), Roland Schaeffer (Gitarre), Ingo Bischof (Bass), Butze Fischer (Drums).
Spieldauer 3:19

Galactic Human
Musik: M. Neumeier, L. Archetti.
Mani Neumeier (Drums, Percussion), Roland Schaeffer (China Trumpet), Luigi Archetti (Gitarre, Electronic).
Spieldauer 5:56

Dark Blue Star
Text & Musik: M. Neumeier.
Mani Neumeier (Drums, Vocal, Saxaune), Roland Schaeffer (Gitarre), Hans Reffert (Gitarre), Uchihashi Kazuhisa (Gitarre), Chris Karrer (Violine), Werner Goos (Sitar), Peter Kühmstedt (Bass).
Spieldauer 5:06

Jaipur
Musik: R. Schaeffer.
Mani Neumeier (Drums), Roland Schaeffer (Gitarre, Saxophon, Nadaswaram), Hans Reffert (Gitarre, Lapsteel Gitarre), Peter Kühmstedt (Bass).
Spieldauer 3:31

Elektrolurch Mutation
Text & Musik: M. Neumeier.
Mani Neumeier (Drums, Vocal), Roland Schaeffer (Gitarre), Luigi Archetti (Gitarre), Peter Kühmstedt (Bass).
Spieldauer 9:01

Kraut 'n' Rock Vol.2
Manis Grooves

Hinten
Musik: I. Schweizer.
Irene Schweizer (Piano), Mani Neumeier (Drums, Manitom), Uli Trept (Kontrabass).
Spieldauer 4:32

Kräuter Und Weltmeister
Musik: M. Neumeier, L. Archetti.
Mani Neumeier (Drums, Handsonic, Percussion, Effects), Luigi Archetti (Gitarre, Programming, Electronics, Loops).
Spieldauer 5:04

Speed Display
Musik: M. Neumeier, D. Möbius, C. Plank.
Mani Neumeier (Drums, Sequenzer), Dieter Möbius (Synthesizer), Conny Plank (Mixing Desk, Effects, Sequenzer).
Spieldauer 5:12

Schall Und Rauch
Musik: M. Neumeier.
Mani Neumeier (Drums).
Spieldauer 1:35

I Touch Your Skin
Text & Musik: M. Neumeier.
Mani Neumeier (Drums, Vocal).
Spieldauer 3:25

Overheat
Musik: M. Neumeier.
Mani Neumeier (Steel Pan),
Paramashivam Pillai (Tavil).
Spieldauer 1:56

Elephantwalk
Musik: M. Neumeier.
Mani Neumeier (Slitdrum, Floortom, Percussion, Fieldrecordings).
Spieldauer 6:23

Jungle Party
Musik: M. Neumeier.
Mani Neumeier (Mouth Percussion, Percussion, Vocal, Fieldrecordings), Biber Gullatz (Loops, Effects, Mix), Marc, Jude & Mathew Lane (Didgeridoo).
Spieldauer 3:28

Auf Alle Felle
Musik: M. Neumeier.
Mani Neumeier (Drums).
Spieldauer 5:34

The Frogs From Ishigaki
Musik: M. Neumeier.
Mani Neumeier (Percussion, Fieldrecordings), Etsuko Watanabe (Percussion).
Spieldauer 5:40

Eins / Ichi
Musik: M. Neumeier, Uchihashi Kazuhisa.
Mani Neumeier (Drums, Percussion), Uchihashi Kazuhisa (Gitarre, Pedals, Electronics).
Spieldauer 10:03

Flexitwister
Musik: M. Neumeier.
Mani Neumeier (Drums, Vocal),
Kawabata Makoto (Gitarre, Pedals),
Atshushi Tsuyama (Bass, Vocal).
Spieldauer 3:13

Bayangobi
Musik: M. Neumeier.
Mani Neumeier (Drums, Percussion),
Kawabata Makoto (Gitarre, Pedals),
Atshushi Tsuyama (Bass, Vocal).
Spieldauer 10:14

LYRICS

ELECTRIC JUNK

was schreibt, das bleibt
deiner kam zu kurz
schreiben sie bleiben
so ists recht, gar nicht schlecht –
kennen
sie meinen?
auch meiner kam zu kurz.
also das drückt sich jetzt so aus
früher war alles ganz anders.
bitte sprechen sie deutlich,
wir können
jetzt alles ganz deutlich verstehen.
danke schön, und danke, danke.
alles mit der hand,
sprach der praktikant.
kind und kegel, kennt die regel.
gevögelt werden ist nicht schwer,
selber vögeln aber sehr.
treulich zur hand, das vaterland
praktikant, sie sind erkannt.

STONE IN

stone in,
stone in, take a sip,
stone in, dig your trip,
stone in, have a kick,
stone in, get a chick,
... you get to stone,
your, poor,
manipulated, brain.
are you ready ?
please breath steady.

MOROSO

als das ei des schnellen brüters
endlich platzte,
quoll eine grüne gallertartige masse
über die landschaft.
das war die zeit für moroso, dem
ersten mutanten, der sich von
radioaktivem schleim ernährte.
jeder hat ihn im hals.

I TOUCH YOUR SKIN

i touch your skin
woman drum i touch your skin,
gadank daff tadaff going tin din,
i gonna make your body sound,
it makes me happy all around
makes you happy all around.
i beat you soft,
i hit you strong,
a wop babaluba, hit the gong.
a drum is a woman, lovely game
all my life i`ll do the same,
and if i die once on the ground,
burn my drums and dance around
burn my drums and dance around.
i beat you fast
i hit you strong
i touch you soft
i play you long
i touch your skin
i touch you
baby
do you like it

DARK BLUE STAR

|: Hey oh :|
dark blue star
you are so far
away
eleven light years
we are on the way
we stay out there
out of nowhere
we never come back

ELEKTROLURCH MUTATION

gestatten, hier spricht der
ELEKTROLURCH.
ich wohne in der lüsterklemme
neben dem hauptzähler.
ich sorge für euren saft. volt, watt,
ampere, ohm,
ohne mich gibts keinen strom.
was bedeutet eigentlich der name
guru guru?
täglich fit, mit 2 gramm shit.
(frühere antwort: der name
guru guru ist zum beispiel
prähistorisch,
soll, kann
und will aber nichts.)
wieso macht ihr eigentlich musik?
weil man dabei so schön
ausflippen kann.
was macht ihr eigentlich, wenn ihr
einmal älter seid?

MANIS MEMOS

STONE IN Damit fing alles an. Zumindest mit den Recordings. Bereits drei Jahre zuvor hatten wir uns zusammengetan mit der Livemusik begonnen und Konzerte in Clubs, Unis, sogar auf den Straßen zu geben. Ein Highlight war damals unser Auftritt bei den legendären Essener Songtagen 1968. Und eigentlich wollten wir überhaupt keine Platten aufnehmen. Aus Prinzip. Wir waren wild und rebellisch. Nonkonformismus war angesagt. Auch in der Musik. Viele strebten nach Befreiung und hatten eine echte Aversion gegen falsche Autoritäten. Alternativen waren gefragt. Das erlebten wir als besondere Herausforderung. Wir wollten uns nicht dreinreden lassen. Von keinem. Wir wollten wissen, wie weit man eigene Wege gehen kann. Und natürlich, wohin das alles führt. Aber wir merkten schnell, dass wir ohne Tonträger kein größeres Publikum erreichen konnten. Der Produzent Rolf Ulrich Kaiser hatte damals für die Aufnahmen unseres ersten Albums das renommierte Hansa-Studio in Berlin gebucht. Dort haben wir die Welt regelrecht - eigentlich: musikalisch - auf den Kopf gestellt. Ich glaube, das kann man auch nach so vielen Jahren noch deutlich heraushören.

GIRL CALL Hinter der Scheibe saß seinerzeit ein Tonmeister alter Schule am Mischpult. Ein netter Mensch, aber mit anarchischen Überzeugungstätern, wie wir es waren, total überfordert. Es dauerte nicht lange und er warf das Handtuch. Unser brachialer Sound im Geiste eines Hendrix war nichts für ihn. Der war ihm völlig fremd und machte ihm offenbar Angst. Ein neuer Toningenieur sprang in die Bresche, der kapierte was wir wollten und brachte alle Aufnahmen in nur zwei Tagen auf die Reihe. Genau so, wie wir es im Kopf hatten. Selbstbestimmung lautete damals die einhellige Parole. Wir betraten Neuland und (er-)lebten die Session unseres Lebens. Und wir waren damit beileibe nicht einzigen. Viele dachten und fühlten so. Und tun das hoffentlich immer noch.

NEXT TIME SEE YOU AT THE DALAI LAMA Das Stück steht bewusst im direkten, unmittelbaren Kontrast zu den heftigen Ausschweifungen von Girl Call. Eine spezielle Art tanzbarer Rock-Meditation, wenn man so will. Gitarre, Bass und die Drums interagieren auf der selben Wellenlänge und greifen ineinander. Sie emanzipieren sich und streben nach Gleichberechtigung. Diesem Ideal kommen sie hier schon ziemlich nahe. Endlich spielt das Schlagzeug eine eigenständige Rolle. Denn auch Rhythmen können tonangebend sein. Wie im „richtigen“ Leben, zu dem die O-Ton Collage am Schluss eine dramaturgische Brücke schlägt. Ein augenzwinkernder Wink mit dem musikalischen Zaunpfahl. Der erklärt sich quasi von selbst.

DER LSD MARSCH Trips und Träume waren zu der Zeit nicht nur in der Rockmusik längst gang und gäbe. Ohne sie hätte sich vieles wahrscheinlich ganz anders angehört. Manches ging gelegentlich in die Irre und voll daneben. Aber wir verfügten zum Glück über ein ziemlich gutes Gespür für unsere Grenzen, herbe Abstürze sind uns deshalb weitgehend erspart geblieben. Keine Selbstverständlichkeit, manchen guten Künstlern mangelte es bekanntlich an innerer Kraft, die Balance zu wahren, und sie scheiterten tragisch. Damals spielte sich eine regelrechte Kulturrevolution ab und wir waren ein Teil davon. Die ganze Tragweite dieser Entwicklung lässt sich eigentlich erst heute in der Rückschau so richtig begreifen.

ELECTRIC JUNK Unsere Freundschaft und intensive Zusammenarbeit mit Conny Plank war ein wahrer Segen. Denn er verstand sich nicht als musikalischer Zuchtmeister oder Ober-Guru. Ganz im Gegenteil. Er vermochte es auf seine sehr spezielle Art, Phantasien zu stimulieren und mit Musikern auf Augenhöhe zu arbeiten. Damit half er uns, für unser musikalisches Material die passenden Sounds zu finden und alles in optimale Formen zu bringen. So gesehen war Conny ein begnadeter Inspirator, der in der heimischen wie auch der internationalen Musikszene deutlich hörbare Spuren hinterlassen hat. Keiner konnte ihm das Wasser reichen. Es ist wirklich ein Jammer, dass er so früh hat gehen müssen. Er fehlt uns allen sehr.

MOROSO Wer genauer hinhört, kann das nur bestätigen: die weiten Welten des Jazz sind wahrlich komplex. Jazzmusik ist geradezu ideal, die Blüten des Rock zu bestäuben und ihm zu neuen Leben zu verhelfen. Damit kommen subtilere Ausdrucksformen ins Spiel, das Rockidiom wird organischer und offener und gewinnt an Energie. Meine musikalischen Wurzeln liegen nun einmal im Jazz, das Genre hat mich stark geprägt. Ohne den Jazz wäre ich nicht so weit gekommen. Deshalb war es nur natürlich, diesen Erfahrungsschatz auch für meine Arbeit im Guru Guru Kontext zu heben. Ich kann noch heute davon zehren. Der Jazz lässt einen ein Leben lang nicht mehr los.

BLUE HUHN Humor ist ein echtes Gottesgeschenk. Humor tut allen und allem gut. Besonders der Musik. Auch eine kräftige Prise Ironie kann nicht schaden. Wir haben versucht, das in all den Jahren zu beherzigen und die Dinge nicht so verkniffen zu sehen. Humor kann auch skuril sein. Da fühle ich mich mit dem großen Karl Valentin in der Seele verwandt. Von dem haben wir manchmal Sketche übernommen und für unsere Bühnenshow bearbeitet. Sich gelegentlich selbst auf – oder meinetwegen auch in – den Arm zu nehmen ist gar nicht so leicht, wie es im ersten Moment scheinen mag. Dafür muss man sein Handwerk richtig gut beherrschen. Der grosse Meister Zappa hat auf seine manchmal zynisch wirkende Art gezeigt, wie man sowas macht. Ihm haben sicher nicht nur wir in dieser Hinsicht viel zu verdanken. Der Schalk im Nacken des Rock sorgt dafür, auf dem Teppich zu bleiben und nicht das Augenmaß zu verlieren. Auch nicht um drei Uhr nachts, als diese Aufnahme in unserem eigenen Studio entstand.

GALACTIC HUMAN Es ist erstaunlich und wirklich ein wahres Wunder, wenn das Universum in der menschlichen Form von Materie anfängt, über sich selbst nachzudenken. Darüber brütet, wie genau es wohl funktioniert, welchen Sinn das Ganze wohl haben könnte und dabei dann auch noch richtig gute Musik macht. Fast könnte man meinen, dass von Anfang an alles darauf hinauslaufen sollte. Wie auf das Wohlgefühl eines prachtvollen Sonnenuntergangs an einem lauen Sommerabend zum Beispiel (sollte die Nachtigall mal nicht singen, könnte man stattdessen auch den Song „What A Wonderful World in der Fassung von Louis Armstrong auflegen ...). Oder die Schönheit der ganzen Natur um uns herum und über unseren Köpfen. Das alles groovt doch schon ganz gewaltig und hat enorm viel drive.

DARK BLUE STAR Irgendwo habe ich mal gelesen, dass sich die von uns Menschen erzeugten Radiowellen in alle Richtungen mit der Geschwindigkeit des Lichts ausbreiten. Die ersten Signale dieser Art müssten seit der Erfindung des Radios gut hundert Jahre unterwegs sein. Verglichen mit den gewaltigen Dimensionen des Kosmos sind sie allerdings noch nicht allzu weit gekommen, so sie das universale Grundrauschen nicht unterwegs verschluckt hat. Es wird also noch eine ganze Weile dauern, bis auch unsere vom Radio gesendete Musik auch nur ans andere Ende der Milchstrasse gelangt. Geschweige denn darüber hinaus. Aber faszinierend ist der Gedanke schon, dass in ferner Zukunft, wenn es uns schon längst nicht mehr gibt, irgendwo da draussen jemand unsere Musiksignale auffängt und von ihnen zu einem spontanen „Oh wow!" animiert wird. Oder umgekehrt, wenn bei uns plötzlich Sounds eintreffen, die jemand, den es längst nicht mehr gibt, weit weg von hier vor abermillionen von Jahren ins All geschickt hat. Per intergalaktischem Radio sozusagen. Das wäre sicher eine tolle musikalische Offenbarung. Und eigentlich gar nicht so unwahrscheinlich, wie man zunächst vermuten mag.

JAIPUR Die Welt war im Grunde schon immer ein Dorf. Und die sog. Globalisierung ist letztlich auch kein wirklich neues Phänomen. Von Anfang an hing alles mit allem zusammen. Im Schlechten wie im Guten. Das zeigt ein Blick auf die Entwicklung von Flora und Fauna ebenso wie auf die Geschichte der Musik der Menschen. Für meine Arbeit jedenfalls haben Einflüsse anderer Kulturen schon immer eine wichtige Rolle gespielt. Und zwar längst bevor die Musikindustrie begann, ihre Marketingschublade namens Worldmusic aufzuziehen. Der indische Subkontinent zum Beispiel hat mich und Roland Schaeffer nicht nur musikalisch schwer beeindruckt. Viele Male haben wir das Land besucht und dabei einige wunderbare Freundschaften schliessen können. Mit unüberhörbaren Folgen, denke ich. So lernte Roland dort auch das schwierig zu beherrschende Blasinstrument Nadaswaram zu spielen. Was diesem Stück einen besonderen Touch verleiht. Ich staune immer wieder, wie soverän er solche Sachen auf die Reihe kriegt.

ELEKTROLURCH MUTATION Dieses Stück ist 1973 geboren worden, als wir mit Ax Genrich und Bruno Schaab im Tourbus zu einem Konzert unterwegs waren und mal wieder die Phantasie mit uns durchging. Plötzlich war er da, der Elektrolurch, immer mehr Ideen kamen uns in den Sinn und es wurde schnell klar, dass es ein ziemlich ausgeflipptes und quasi elektrisches Werk werden würde, das sich rhythmisch und melodisch von allem unterschied, was wir bis dahin so gemacht hatten. Als es dann nach viel Proberei endlich fertig geworden war, merkte ich, wenn ich mit der Ansage „gestatten, hier spricht der Elektrolurch" anfange, sollte ich den auch optisch verkörpern. Also musste eine richtige Maske her. Eine Maske, die wirklich so aussieht, wie sich die Musik anhört. Nach zwei Wochen hatte ich mir sie schliesslich aus Schaumgummi, Draht, Leder, Kopfhörern und anderen Utensilien sowie – ganz wichtig – zwei blinkenden Birnchen an den Fühlern fertig gebastelt. Ich schätze, damit war die erste Maske der Rockgeschichte geboren. Sowas hatte die Welt bis dahin noch nicht gesehen. (Ein leibhaftiger Mani eben. Der Sätzer). Und als ich diese Verkleidung dann beim nächsten Auftritt ausprobierte, war das Publikum total begeistert. Die Leute haben sofort verstanden. Auch heute ist das noch so. Die drei Grundfragen im Stück sind eine Ironie des Schicksals. Wir wurden oft von Journalisten danach gefragt. Uns ging es da fast so wie den frühen Beatles, die ja von der Journaille immer wieder mit ähnlichen Dingen traktiert wurden. Also: was bedeutet eigentlich der Name „Guru Guru? Er ist zum Beispiel prähistorisch, soll, kann und will aber nichts. Als wir zum ersten Mal nach Japan kamen, sagte man uns, dass es auf japanisch so viel wie rotieren bedeutet. Nunja, das passt ja wunderbar. Und auf die Frage „wieso macht ihr eigentlich Musik?" kann ich auch heute noch darauf verweisen, wie toll sich mit dieser Kunst das Leben zum Tanzen bringen lässt und wir dabei so herrlich ausflippen können, ohne den Halt zu verlieren. Die Frage schliesslich, „was macht ihr eigentlich, wenn ihr einmal älter seid?" richtet der Elektrolurch ja direkt ans Publikum. Sie hat sich mit der Zeit von allein beantwortet. Beim Publikum, bei meinen Musikerkollegen und bei mir selbst. Musik eben. Was denn sonst?!

HINTEN Irene Schweizer habe ich 1963 kennen gelernt. Gut zwei Jahre lang haben wir gemeinsam mit Uli Trepte gespielt, gejammt und experimentiert und entwickelten dabei unseren eigenen Jazz-Stil. Zum Jahresende 1965 kündigten wir schließlich voller Wagemut unsere festen Jobs, wechselten ins Profilager und gingen fortan als Irene Schweizer Trio auf Dauertour durch die europäischen Jazzclubs. Und, was soll ich sagen, die Szene empfing uns quasi mit offenen Armen und brachte uns von Anfang an große Wertschätzung entgegen. Wir galten schnell in Jazzkreisen als angesagt und konnten öfter mit Cracks wie Peter Brötzmann, Gunter Hampel, Alexander von Schlippenbach oder Manfred Schoof und anderen arbeiten. Das hat uns gut getan. Und tiefe Spuren hinterlassen. Manche sagen, wir hätten mit dem Trio ein Stück Jazzgeschichte geschrieben. Und wenn schon, es war jedenfalls eine gute Zeit. Das ist für mich die Hauptsache. Schon komisch, wie Musik entsteht. Den Seinen gibt es der große Manitu auch mal im Wachzustand. Zumindest in diesem Fall. Nach dem Gig übernachteten wir in Brüssel in einem echten Geisterhaus, geradezu geschaffen für Musiker unseres Schlages. Ich konnte nicht einschlafen, weil ich merkwürdige Geräusche hörte: „sssschhhhrrriss schhhhfffrrtatattttgarrratttaasssstti fftftfttettittitsssschschhkfkfkfrrrssish". Das war ein heftiges Rauschen mit komplexen Rhythmen und seltsamen Schwingungen. Und auf einmal war mir klar: genau das muss ich spielen! Ich hörte plötzlich die neue Art einer rhythmisch-pulsierenden Spielweise, die exakt das hatte, was zu unserer Free-Music passte. Nichts konnte mich mehr aufhalten. Ich sprang aus dem Bett, lief in den Proberaum im Keller zum Schlagzeug und setzte das Gehörte sofort um. Ich hatte eine phantastische Sache für mich entdeckt. Am nächsten Morgen habe ich das Irene vorgespielt. Sie war begeistert und sagte: „Jetzt hast du es!" Daraus ist mein neuer Stil entstanden, der manches – nicht nur für mich – verändert hat. Nach vielen Jahren bestätigte mir der Drummer Han Benning, ein Freejazzurgestein: „Mani, du warst 1965 der erste Schlagzeuger in Europa, den ich freie Rhythmen und Pulse habe spielen hörten." Ich hatte übrigens, wie sich bald herausstellte, die Geräusche eines Wasserrohrbruchs wahrgenommen. Die Aufnahme entstand 1967, erst 13 Jahre später wurde sie endlich veröffentlicht.

KRÄUTER & WELTMEISTER Eigentlich wollten wir eine Chill Out-CD machen und waren speziell bei der Entwicklung dieses Stücks auf Lounge-Musik aus. Dergleichen hatten wir zuvor noch nie gemacht und wir wollten einfach mal was anderes ausprobieren. Nun denn, im Verlauf der Produktion hat sich unsere ursprüngliche Komposition wie von selbst – oder genauer: aus sich selbst heraus – in eine sehr dynamische und temporeiche Variante von Lounge-Rock verwandelt. Das mag vielleicht auch daran liegen, dass hier technische Finessen mit Loops und Elektrodrums zum Einsatz gekommen sind. Außerdem spielten ganz gewiss auch Luigi Archettis musikalische Vorerfahrungen mit Free Music in diesem Prozess eine bedeutende Rolle. Man muss sich nur seine genialen Gitarrensounds in diesem Stück anhören, dann wird klar, was er an faszinierenden Klangfarben und Ideen in unsere gemeinsame musikalische Arbeit eingebracht hat. Ab 1996 spielte er ja auch zehn Jahre lang einen wichtigen Part bei Guru Guru. Das war eine enorm produktive Verbindung und für das musikalische Gefüge der Band von unschätzbarem Wert. Künstler wie ihn findet man nicht alle Tage. Ich kann das nicht oft genug betonen. Und das meine ich wörtlich.

SPEED DISPLAY Conny Plank überzeugte nicht nur als professioneller Tonmeister. Mit dem Platz am Mischpult hat er sich zu unser aller Glück nicht zufrieden gegeben. Er spielte auch als Musiker eine ganz wichtigen Part. Zunächst im Duo „Plank / Möbius", später dann in unserem Trio-Projekt „Plank / Möbius / Neumeier". Das war im Grunde ein Musiklabor, ein kongenialer Rahmen für Klangexperimente und Stiltüfteleien, der uns den nötigen Freiraum für waghalsige Experimente verschaffte. Ausgedacht haben wir uns das ja schon 1981. Aus der Distanz und im Nachhinein betrachtet waren wir damit der Zeit wohl um einiges voraus, auch wenn wir es damals gar nicht darauf angelegt hatten. Es ging ja nicht um avantgardistische Heldentaten und auch nicht nur darum zu testen, wie gut klassisches Schlagzeug und moderner Sequenzer miteinander harmonieren können, wir waren einfach in einem kreativen Höhenrausch. Dabei haben wir festgestellt, dass „natürliche" Instrumente auf rein akustischer Basis und elektrische Klangquellen sich sehr wohl gut vertragen. In dieser Konstellation steckt ein enormes Potential, das eine Menge neuer Möglichkeiten eröffnet. Dieses Album ZERO SET von 1983 kann man als einen Meilenstein in der elektronischen Musik bezeichnen. 25 Jahre später ist ZERO SET in Japan als Vinyl-LP wiederveröffentlicht worden und wird von den dortigen Deejays sehr geschätzt.

SCHALL UND RAUCH Diese rhythmischen Szenen haben sich über einen vergleichsweise langen Zeitraum zusammen gebraut. Gut zehn Jahre hat es gedauert, bis alle Einzelteile aus Ideen, heftigen Gewitterstürmen und aufschlussreichen Erfahrungen mit dem Schlagzeugen beisammen waren und ich sie zu einem schlüssigen Gesamtwerk komprimieren konnte. Am Ende lagen die Lösungen auf der Hand und alles ging ganz schnell. Die Drums unterscheiden sich im Grunde nur marginal von anderen Instrumenten. Auch sie eignen sich hervorragend, klingende Bilder zu erzeugen oder Musikgeschichten zu erzählen. Und seit Jazz und Rock sich so richtig voll entfalten konnten, hat sich das Schlagzeug schnell aus seinem Schattendasein befreit und wurde sogar immer öfter zur eigentlich treibenden Kraft. Das kann man so oder so interpretieren. Allein der Titel eröffnet dafür jede Menge Spielraum. Und zwar im wahrsten Sinne des Wortes. Das Drumsolo hab' ich in einer Sternstunde frei rausgedonnert. Das ist unwiederholbar. ...Ein kleiner Wink an meine Drummerkollegen.

I TOUCH YOUR SKIN Eigentlich mag ich ja lieber Prosa. Zur Lyrik habe ich ein eher zwiespältiges Verhältnis. Zugegeben, Gedichte können ein wunderbarer kreativer Ausdruck sein. Mit ihnen lassen sich Gefühle auf den Punkt bringen, sie können das Denken stimulieren, bei Bedarf subtil provozieren oder Ansichten auch mal kräftig gegen den Strich bürsten. Der Dada-Dichter Schwitter konnte das besonders gut. Und vor ihm der Wilhelm Busch. Aber für sich genommen hält sich die Wirkung nackter Verse doch noch sehr in Grenzen. Zumindest heutzutage. Erst in der Verbindung mit Musik erzeugt Lyrik ihren eigentlichen Drive, den sie unbedingt benötigt, um richtig verstanden zu werden. Damit kommt sie viel besser durch und berührt von Außen und von Innen. So verwickelt sich mein dadaistisch gestricktes Gedicht mit den Beats von Elektro- und Acoustic-Drums im Verbund mit Harmonizer-Effekten zu einem festen Klangstrang, an dem alle kräftig ziehen. Das verleiht der Geschichte den nötigen Halt und verschafft ihr eine tragfähige Grundlage. Damit kann sie vollends überzeugen.

OVERHEAT Zwischen der Steel Pan und der Tavil liegen Welten. Wenn die aufeinander treffen, wird es richtig spannend. Die Steel Pan bzw. Steel Drum ist ja im Grunde ein neuzeitliches Instrument. Sie wurde bekanntlich erst in den 30ern des vorherigen Jahrhunderts auf Trinidad aus alten Ölfässern entwickelt, weil die britische Kolonialregierung der einheimischen Bevölkerung den Gebrauch afrikanischer Schlaginstrumente verboten hatte. Ein regelrechtes Protestinstrument gegen kulturelle Unterdrückung also. Seither ständig verfeinert, lässt sich die Steel Pan aus dem globalen Instrumentarium nicht mehr wegdenken. Die Tavil kann dagegen auf eine sehr lange und große Geschichte zurückblicken. Sie stammt aus Südindien und kam bzw. kommt dort vorzugsweise in Hindutempeln zum Einsatz. Ihr Korpus hat die Gestalt eines klassischen Holzfasses und ist auf beiden Seiten mit Fell bespannt. Die eine Seite in Basslage wird mit einem Drumstick bzw. hölzernem Stöckel bespielt, die andere, hochgestimmte Seite nur mit den Fingerkuppen. Sowohl auf instrumentaler wie auf menschlicher Ebene ist bei diesem Stück eine wahrlich rasante Begegnung zustande gekommen, allemal wert, festgehalten und veröffentlicht zu werden. Paramashivam Pillai gilt zurecht als einer der weltbesten Virtuosen auf der Tavil. Ich kenne jedenfalls keinen Besseren. Roland Schaeffer und Butze Fischer haben mich mit ihm bekannt gemacht. Das muss 1982 in Finkenbach gewesen sein. In meinen Augen ist er ein wahrer Meister unter den Trommlern dieser Welt, ich bin damals bei ihm in die Lehre gegangen, er hat mir eine Menge beigebracht, ich kann immer noch davon zehren. Und das nicht allein in musikalischer Hinsicht.

ELEPHANT WALK In der Natur sind wir Menschen ja beileibe nicht die einzigen, die Musik machen und zum Leben nötig haben. Selbst unbelebte Dinge geben Klänge zum Besten und erzeugen ihre spezifischen Harmonien. Da lohnt es sich schon, mal genauer nachzuforschen und anzuhören, was es sonst noch gibt an Querverbindungen. Als ich anfing, mich mit Natursounds zu beschäftigen, habe ich schnell gemerkt, dass viele nahliegenden Anknüpfungsmöglichkeiten überhaupt noch nicht ausprobiert waren. Da öffnet sich ein weites Terrain für Entdeckungsreisen in alle möglichen Richtungen. Eine führt vielleicht sogar zu den Ursprüngen der Musik. Die ist ja schließlich nicht einfach vom Himmel gefallen, die haben wir uns doch bestimmt ziemlich früh schon abgeguckt. Jedenfalls gehört für mich die Arbeit mit Feldaufnahmen zum spannendsten überhaupt, was man mit Musik so machen kann. So etwas ist unerlässlich für einen begeisterten Sound-Sammler wie mich. Die Herausforderung besteht darin, die Rhythmen der unterschiedlichsten Klangquellen so zu synchronisieren, dass daraus eine neue Struktur entsteht und bislang Verborgenes zum Vorschein kommt. Bei den fieldrecordings für Elephant Walk saß ich in einem sumpfigen Dschungel in Nepal, der Abend brach herein, es wurde immer dunkler, die Geräusche wurden immer lauter und mein Hintern immer nasser. Es war faszinierend.

JUNGLE PARTY All Together Now! Und so kann es klingen, wenn alle Elemente konstruktiv ineinander greifen und um gegenseitiges Verständnis bemüht sind. So geht Integration. Die Teile fügen sich zu etwas Neuem zusammen und behalten trotzdem ihre ursprüngliche Identität. Das nennt man dann wohl ein Gesamtkunstwerk. Ohne die Unterstützung meiner australischen Freunde Jude, Marc und Matthew Lane mit ihren Didgeridoos wäre es nicht so weit gekommen. Deshalb gilt ihnen mein besonderer Dank. In gewisser Weise bildet das Didgeridoo aufgrund seiner Entstehung und Funktionsweise viel mehr noch als die Trommel eine Art Scharnier zwischen der Musik der Natur und der Musik, die wir Menschen machen. Es hat kosmische Dimensionen. Was in der Astrophysik ein Wurmloch ist, ist in der Musik das Didgeridoo. Ein ideales Instrument für ausgedehnte Raumzeitreisen. Im Kopf, versteht sich.

AUF ALLE FELLE In den großen Gründerzeiten des Rock gab's so gut wie kein Konzert ohne das obligatorische Schlagzeug-Solo. Nicht selten geriet es sogar zum dramaturgischen Höhepunkt der ganzen Show. Manchmal ging das durch Mark und Bein, manchmal aber auch voll daneben. Die Kunst des Schlagzeugers besteht eben darin, mit der Trommelei einen eigenen Ausdruck zu finden. Virtuosität ist keine Sache von Artistik oder eine Antwort auf die Frage, wer denn nun der Schnellste im ganzen Land sei. Darauf kommt es nicht an. Sondern vielmehr darauf, wie man perkussiv Geschichten zu erzählen versteht. Wie man Spannungen aufbaut und rhythmische Abläufe so inszeniert, dass sie ein eigenständiges Werk ergeben. Wie man die Resonanzen der Mitspieler und der Zuhörer verarbeitet. Taktvoll und im richtigen Rhythmus. Es kann komponiert sein oder improvisiert oder beides, die Seele ist entscheidend. Wenn sie richtig rüber kommt, ist es um so besser. Dafür gibt es eine Menge gelungener Beispiele. Praktisch alle Kulturen dieser Welt entwickelten ihre originären Trommeltraditionen. Polynesien, Afrika sowieso, Asien, wohin man auch hört, überall sind perkussive Ausdrucksformen geläufig. Infolge dessen auch im Jazz oder später im Rock. Stilrichtungen, die ohne Drums kaum zurechtkommen und den idealen Nährboden für Trommelei in höchster Vollendung abgeben. Gerade auch, wenn solistisches Engagement die Hauptrolle einnehmen soll, um starke Stücke ins Werk zu setzen. Der große Jazz-Drummer Buddy Rich hat seinerzeit gezeigt, wie man das macht. Auch vor dem Können bedeutender Kollegen wie Elvin Jones, Art Blakey, Philly Jo Jones, Max Roach oder Tony Williams kann ich mich nur respektvoll verneigen. Mittlerweile ist in dieser Hinsicht viel erreicht worden. Aber die Möglichkeiten der Drums sind noch lange nicht erschöpft.

THE FROGS FROM ISHIGAKI Die singenden Frösche und der Perkussionist. Als ich das Froschkonzert zum ersten Mal hörte, wusste ich gleich, dass daraus was werden könnte. Also haben wir gemeinsam dieses Stück gemacht. Ich glaube, wir passen wirklich gut zusammen. Der eine gibt den Takt vor und achtet auf das Timing, die anderen blasen ihre Backen auf und sorgen für die richtige Stimmung. Schon erstaunlich, welch faszinierende Klänge die Frösche drauf haben und wie kongenial sie zusammen wirken. Davor muss jeder elektrische Synthesizer, davor muss jedwede moderne digitale Hard- und Software schlicht und ergreifend passen. So etwas Lebendiges kriegen Musikmaschinen nun einmal nicht zustande. Allenfalls Vögel könnten da noch mithalten. Auf die Fragen nach den Motiven gibt es Antworten zuhauf. Einen besonderen Grund zum Musizieren haben allerdings alle Geschöpfe gleichermaßen. Ob junge Hüpfer oder gefiederte Piepmätze oder eben Frösche, alle sind aufs Balzen aus, wollen natürlich geliebt werden und ihr Terrain markieren. Erstere bilden Bands und erhoffen Hingabe. Bunte Vögel legen erst bei Sonnenaufgang los. Und die Frösche machens besonders gern bei Nacht. Nicht zu vergessen die subtile Perkussion von Etsuko Watanabe, die dem Froschkonzert mit meiner Beteiligung noch etwas hinzufügt, was die Frösche alleine nicht hingekriegt hätten: das Bewusstsein von einer meditativen Erfahrung. Es geht übrigens auch anders herum. Also vom spielenden Menschen zum lauschenden Tier. Das habe ich selbst erlebt, als ich eines schönen Nachmittags bei mir daheim bei offenem Fenster am Schlagzeug übte. Mein Garten grenzt an eine Kuhweide und auf einmal versammelten sich die Kühe am Zaun, schauten zu mir rüber und lauschten andächtig meinem Getrommel. Das war mal ein Publikum der anderen Art. Sage da keiner, Kühe hätten kein Gefühl für Musik. Wer auf dem Lande aufgewachsen ist, der wird wissen, dass sie sogar mehr Milch geben, wenn sie Musik zu Hören bekommen. Kommt eben ganz darauf an, um welche Sounds es sich dabei handelt und vom wem sie stammen. Und dann gibt es da noch die berühmte Geschichte aus der Mongolei, die davon kündet, wie ein Kamel vom Spiel auf der Pferdekopfgeige zu Tränen gerührt wird. Das sollte uns zu Denken geben.

EINS / ICHI Es ist schon ein ganz komisches Gefühl, wenn man mitbekommt, welch weite Kreise das eigene Schaffen zieht. Wenn von ganz woanders her Resonanzen kommen, mit denen man im Traum nicht rechnen konnte. Und wenn daraus auch noch inspirierende Freundschaften erwachsen. Mit Japan hat es in dieser Hinsicht seine ganz besondere Bewandtnis. Auf der anderen Seite der Welt verbreitete sich unsere Musik über verschlungene Wege nach typischer Graswurzelmanier und war dabei auf viel Verständnis gestoßen. So richtig klar wurde mir das erst 1994, als ich eine Einladung vom Wachsfigurenkabinett in Tokyo erhielt. Dort kann man mein Abbild seither – forever young – in voller Lebensgröße besichtigen. Neben Jimi Hendrix. Auch ein seltsames Gefühl, wie man so weit weg woanders gesehen wird. Fortan habe ich das Land jedes Jahr besucht. Zu Konzerten mit der Band, aber auch, um Bekanntschaften zu Musikerkollegen zu pflegen und mit ihnen an gemeinsamen Projekten zu arbeiten. Ganz besonders möchte ich den japanischen Gitarrenmeister Uchihashi Kazuhisa hervorheben, für mich der beste Gitarrist in dieser Provenienz. Solche Leute wie ihn findet man in Europa nicht. Soweit ich das beurteilen kann und mir zu Ohren gekommen ist, haben diese musikalischen Verbindungen in der japanischen Szene durchaus Wellen geschlagen. Und in all den Jahren auch meine persönliche Entwicklung nachhaltig geprägt. Abseits des kommerziellen Mainstreams vibriert die alternative Musik Japans nur so vor Kreativität. Besonders faszinierend finde ich, wie sich dort japanische kulturelle Wurzeln, Traditionen und Mentalitäten mit der musikalischen Moderne zusammenfügen. Das hat eine ganz eigentümliche Note, die in der globalen Partitur ihresgleichen sucht.

FLEXITWISTER Mein Herz schlägt jetzt höher als früher. Denn ich habe in Japan nicht nur ebenso verständnisvolle wie geniale Musiker gefunden, sondern auch eine Frau, die – unter anderem – mit vergleichbaren Gottesgaben gesegnet ist. Sie heißt Etsuko Watanabe und hat mir großes Glück gebracht. Sie hat mich erhört und sie weiß genau, was mir vorschwebt. Sie hat einen sechsten Sinn für meine Musik und versteht die Trommelei vielleicht sogar besser als mancher Experte. Bis wir uns trafen, war eine Ehe überhaupt kein Thema für mich. Nicht einmal in meinen kühnsten Träumen hätte ich an so was gedacht. Danach änderte sich alles und seit meinem 65. Lebensjahr bin ich mit ihr verheiratet. Mein Leben wurde stimuliert und folgt seitdem einem ganz neuen Rhythmus. Vielleicht merkt man das ja, wenn ich gut in Fahrt gerate. Ich würde es mir jedenfalls wünschen. Mit meinen beiden japanischen Musikerkollegen Kawabata und Tsuyama bin ich bei dieser Live-Aufnahme auf jeden Fall ziemlich in Fahrt gekommen. Ich nenne das mal: High Speed Psychedelic Avantgarde.

BAYANGOBI Auch dieses Stück habe ich mit meinen japanischen Freunden live völlig frei improvisiert. All diese Übergänge, Stimmungs- und Tempiwechsel sind uns im Zusammenspiel spontan zugeflogen. Wie würde ein Plattenpromoter diese Musik benennen, um sie vermarkten zu können? Bereits zu ihren Gründerzeiten hat die Musikindustrie damit angefangen, alles und jedes in Schubladen zu packen. Allein schon die Musik generell in Ernst (E) und Unterhaltung (U) auseinander zu dividieren und sogar unterschiedlich zu bewerten, war schon ein klassischer Treppenwitz der Musikgeschichte. Und eine himmelschreiende Ungerechtigkeit noch dazu. Und dann noch diese Schubladen. Überall diese vielen Schubladen mit nichtssagenden Etiketten drauf. Einige so verklemmt, dass sie sich kaum noch öffnen lassen. Aber im Prinzip dazu gemacht, das Denken und Fühlen in den Griff zu bekommen und in ein gängiges Schema zu pressen, die Querverbindungen zu kappen bis sich die Zusammenhänge im Dunstkreis blanker Kommerzialität verlieren. Damit möchte ich nichts am Hut haben. Weder früher, erst recht nicht heute, nach allem, was ich an Erfahrung sammeln konnte. Deshalb kann man meine diversen Projekte nicht auseinanderhalten und allein für sich betrachten. Im Gegenteil, ich verstehe jedes als Teil vom Ganzen. Sie bedingen einander und konnten noch nie für sich alleine stehen. Ob im Rahmen von Guru Guru oder den vielen anderen persönlichen Konstellationen, die ganze Geschichte ist ein einziges komplexes Beziehungsgeflecht. Alles Momentaufnahmen mit offenem Ausgang. Das soll diese Anthologie verständlich machen. Sie kann naturgemäß nur Kostproben kredenzen, für das komplette Menue empfehle ich die Diskographie.

SWEET LITTLE 60 UND KEIN BISSCHEN LEISE

Ein Gruß von Hans Reffert

Mani Neumeier, mein Freund und Lehrer, der erste und zugleich der letzte Künstler, der unbeschadet den Sprung vom analogen Zeitalter in die digitale Neuzeit geschafft hat? Mani war nie eine Studioratte, keiner, der bedenkenlos alle Klischees abrufen konnte. Nein, das Aufspüren archaischer Rhythmen war und ist für ihn das Wichtigste. Seine Lebensphilosophie ist sehr einfach: Alle verfügbaren Klänge unseres Universums sind brauchbar. Alles – Musik = Geräusche – Dschungelklänge – Fabrikklänge – Digital = Analog = Atonal = Tonal = Volksmusik = Jazz = Rock 'n' Roll = Maschinenbeats = Serielle Musik. Eine unendliche Soundcollage. Am Anfang seiner Karriere war er der deutsche Jazzmusiker par excellence, spielte mit Irene Schweizer und Peter Brötzmann, der Leitfigur des deutschen Freejazz. Mani erzählte mir mal in einer schwachen Stunde: „Frauen mögen keinen Jazz - also spielen wir jetzt Rock 'n' Roll." Die Verwandlung vom Freejazzer zum Rock 'n' Roll Schamanen! Was ihn zur Weißglut brachte, war die merkwürdige Art von Bebop-Seligkeit, speziell der europäischen Jazzmusiker: „Der Bebop ist zum Dixieland verkommen." Das deutsche Jazz-Establishment hat ihm seine Rock 'n' Roll-Ausflüge nie verziehen. Da kann ich nur erwidern: Es gibt keinen Unterschied zwischen Jazz und Rock 'n' Roll! Unerbittlich kämpfte er gegen ver schrobene Veranstalter und Label-Manager, die ihn in eine bestimmte Richtung drängen wollten. Guru Guru ist seine Ersatzfamilie: spielen, spielen, spielen ... den Göttern (vor allem den weiblichen) näher kommen. Mani, der Diktator, das Organisationsgenie, hielt das Orchester zusammen, besorgte die Gigs. Ich spielte den zweiten musikalischen Direktor, manchmal auch den Psychologen. Peter Pan versus Pinocchio versus den Rest der Band. Ein lustvolles Leben?! Die letzte Tour entwickelte sich zu einem Mini-Drama. Wir spielten jeden Abend Macbeth, manchmal auch den Sommernachtstraum. Musikalische Space-Operas mit Feedback-orgiastischem Klanggewitter - Musik für die Unendlichkeit. Mani experimentierte schon früh mit Loops, die Techno-Kids spielten da noch mit Bauklötzchen. Wer mit Mani arbeiten will, muss sich auf seinen Grooves einlassen. Sein Zeitempfinden (Timing) ist quasi außereuropäisch, asiatisch. Ein Trommler in der Tradition eines Elvin Jones, Max Roach und Gene Krupa - swinging like a hot rodded devil! Mani: The President, Weltmeister aller Stile! Chefdirigent des Underground! Ein professioneller Verrückter? Wahnsinn = Die höchste Stufe des Glücks? Spaß beiseite: Mani – I love you!

KURIER

DIE MITWIRKENDEN

Mani Neumeier

USA, Frankreich, Belgien, Holland, England, Japan, Italien, Spanien, Norwegen, Schweiz, Österreich, Ungarn, Tschechien, Russland, Nepal, Indien, Korea, Madagaskar, Australien, Neu Seeland, Bali, die Mongolei, die Malediven und Equador, das sind die Länder, die Mani Neumeier im Verlauf seiner Karriere besucht und in denen er im Rahmen von Tourneen und Einzelkonzerten Musik gemacht hat. Teils mit seiner Band Guru Guru, teils in allen möglichen anderen personellen Konstellationen und häufig auch in enger Zusammenarbeit mit jeweils einheimischen Musikern. Wie es sich eben für einen kosmopolitischen Künstler gehört. Denn Musik „fremder Länder und Kulturen goutieren ist das Eine, um sie wirklich zu verstehen, braucht es – das ist das Andere – Erklärung, braucht es vor allem aber den Kontakt und Austausch mit Menschen, die sie machen und in ihr zuhause sind. In diesem Sinne handelt es sich bei Mani Neumeier um einen musikalischen Weltbürger reinsten Wassers, einen klassischen Weltreisenden in Sachen Musik.

Geboren wurde er am 31. Dezember 1940 in München, aufgewachsen ist er in der Schweiz. Erste künstlerischen Erfahrungen machte er als Mitglied einer Züricher Theatergruppe, sein erstes Musikinstrument war die Mundharmonika. Und sein erstes eigenes Drumkit besorgte er sich mit 18 Jahren, da konnte er bereits vom Trommeln nicht lassen. Erste Gehversuche als Musiker machte er kurz darauf in einer Dixieland-Band. Es war die Musik von Louis Armstrong gewesen, die ihn zum Jazz geführt hatte. Und Joachim Ernst Berendts Jazzbuch, das ihm die Augen öffnete und auf alle Spielarten des Jazz neugierig machte, theoretisch wie praktisch. Es lief fast wie von selbst, meistens autodidaktisch, zuweilen unter Anleitung erfahrener Jazzer, learning by doing, wie im Flug über die ganze Bandbreite des Genres, vom Bebop bis zum Freejazz, bei dem er schliesslich landete.

Damit hatte er sein Metier gefunden, von da an gab es kein Halten mehr. Erste bedeutende Station war seine Mitwirkung am Trio der Pianistin Irene Schweizer, das von ihr gemeinsam mit Mani Neumeier und dem Bassisten Uli Trepte 1966 ins Leben gerufen wurde. Das Irene Schweizer Trio avancierte bald zu den wichtigsten Freejazz-Ensembles Europas und brachte Mani Neumeier mit namhaften Akteuren des Jazz wie dem Miles Davis Schlagzeuger Philly Jo Jones, Yuseef

Lateef, John McLaughlin, Peter Brötzmann, Manfred Schoof, Champion Jack Dupree, Alfred Harth oder dem Globe Unity Orchester zusammen, mit denen er in dieser Zeit musizierte. Und dann 1968 die Gründung von Guru Guru, anfangs Guru Guru Groove genannt, mit Mani Neumeier an den Drums, Uli Trepte am Bass und Eddy Naegeli an der Gitarre. Ein scheinbar großer Sprung vom Freejazz zum Rock. Doch was vordergründig wie ein Paradigmenwechsel anmutete, entpuppte sich über die Zeit und bei näherem Hinhören tatsächlich als eine logische Fortentwicklung. Das Bandprojekt war zwar von der Musik damaliger Rockgrößen wie Jimmi Hendrix oder Frank Zappa beeinflusst, nahm aber den unbändigen, anarchischen und lebenshungrigen Geist des Freejazz auf und pflanzte diese Wurzeln in den fruchtbaren Humus des Rockidioms, um daraus neue Formen des Ausdrucks gedeihen zu lassen, die sich frappant vom gängigen Rockmainstream unterschieden und aus Guru Guru eine originelle, musikalisch wie in der Bühnenpräsenz höchst eigenständige, unverwechselbare Band machten, die auf der Rockszene ihresgleichen suchte und sucht. Mit einem dank Mani Neumeier und seiner vielen exzellenten Mitstreiter ungewöhnlich energiegeladenen Innovationsvermögen, das noch längst nicht ausgespielt hat.

Für besonderes Aufsehen sorgte 1976 die Mitwirkung von Guru Guru am Tatort-Krimi Notwehr, wo Mani und Band nicht nur musikalische Akzente setzten sondern auch schauspielerisch mit von der Partie waren. Vom ersten Auftritt vor großem Publikum bei den Essener Songtagen 1968 bis heute gaben sie unzählige Konzerte und produzierten eine Fülle herausragender Alben ohne auch nur einmal in Gleichförmigkeit und Routine zu verfallen. Was sicher auch mit einer Eigenschaft zutun hat, die Mani Neumeier besonders zu eigen ist, nämlich seinem feinen Gespür für gute, talentierte Musiker und seine Fähigkeit, sie für seine verwegenen Ideen zu begeistern. So haben mit den Jahren viele namhafte Musiker des In- und Auslandes an der Band Guru Guru und Mani Neumeiers sonstigen Projekten mitgewirkt und ihre spezifischen Vorzüge einbringen können. Die Liste der Namen liest sich wie ein kleines Who Is Who aus Rock und Jazz. Dabei standen seine Aktivitäten neben Guru Guru nie im Gegensatz zur Band sondern waren musikalisch wie konzeptionell stets zu einer Art Gesamtkunstwerk verwoben. Kuriose Performances mit Bagger und Schlagzeug ebenso, wie die Kooperationen mit japanischen Musikerfreunden, der schweizer Freejazzpunk-Band Blauer Hirsch Anfang der 90er Jahre, mit Luigi Archetti im Duo Tiere der Nacht, der Avantgarde PopBand Unknown Mix, Aufnahmen mit einem Gamelanorchester im Jahre 1995 in Bali, Kooperationen mit Jaki Liebezeit, Kenji „Damo" Suzuki und Michael Karoli von der Band Can, Jürgen Engler von den Krupps, dem Gittaristen Wer

ner Goos, der Intergalactic Travel Agency mit Ax Genrich aus dem Jahre 2005 oder die Gründung der Formation Acidmothersguruguru mit Kawabata Makoto und Atsushi Tsuyama im Jahr 2006 und nicht zu vergessen die Konzertreisen durch Australien und Neuseeland mit einheimischen Musikern wie Oren Embarci, Paul Kidney und Kris Wanders, um nur einige dieser produktiven Verbindungen zu nennen. Typisch in diesem Zusammenhang ist das von ihm 1977 gegründete Finkenbach-Festival im idyllischen Odenwald, zu dem er seither jeden Sommer befreundete Musikerkollegen der Szene einlädt. Bis 2010 hat er weit über 3.000 Konzerte absolviert, ist in Fernsehsendungen wie dem Rockpalast (dort mit Guru Guru als erste deutsche Band überhaupt) und dem legendären Beat Club aufgetreten, produzierte außerdem bislang 27 Alben mit Guru Guru und kann auf weiteren rund 160 Alben belauscht werden, die in Eigenregie oder mit Partnern aufgenommen wurden. Und seine Einfälle sprudeln weiter, ein Ende ist nicht in Sicht. Nicht für einen notorischen Querdenker und Mastermind wie Mani Neumeier.

Luigi Archetti

Multitalentierte Menschen sind relativ rar. Luigi Archetti gehört zu den wenigen Glücklichen, die in den verschiedensten Genres ganz außerordentliches zu Werke bringen. So hat er sich mit seiner Malerei, seinen Zeichnungen, mit Videos und Installationen als visueller Künstler einen ebenso guten Namen gemacht, wie in der modernen Musik als Gitarrist, Komponist, Klangforscher und nicht zuletzt als experimentierfreudiger Klang-Installateur. Geboren wurde er 1955 in Brescia, Italien, seit 1965 lebt er in der Schweiz, wo er sich in Zürich niederliess und 1978 seine künstlerische Laufbahn begann. Erstes Aufsehen erregte er 1983 mit seinen Kunst am Bau Projekten im Raum Zürich. Seine Arbeiten wurden bald weltweit in Galerien und Museen präsentiert. Ob in der Schweiz, in Österreich, Deutschland oder Spanien oder sonstwo, Archettis Ausstellungen finden unter den Kunstinteressierten Menschen weithin Beachtung.

In musikalischer Hinsicht gilt sein Hauptaugenmerk der experimentellen Musik,

der elektronischen Musik und der Improvisation sowie dem zeitgenössischen Jazz. Mit Konzerten und Solo-Auftritten in der Schweiz, in Deutschland und Österreich, in Frankreich, Italien, Kanada, den USA, in Polen, ja sogar in Russland hat er in der weiten Jazzwelt unüberhörbare Spuren hinterlassen. Was auch für seine zahlreichen Alben gilt, die er im laufe seiner Karriere als Solist und mit anderen Musikern veröffentlichte. Von 1996 bis 2006 übernahm er den Part des E-Gitarristen bei Guru Guru, gemeinsam mit Mani Neumeier arbeitete er außerdem zwischen 1990 und 2006 am Musik-Projekt Tiere der Nacht, das beide – übrigens auch während einer Japan-Tournee – über 100 Mal aufführten und mit fünf Alben dokumentierten, zuletzt Kräuter und Weltmeister. Einige seiner mit Bo Wigit gedrehten Filme wie z.B. „I Have You Seen Better Dancing Than This" (2007) wurden auf den Internationalen Kurzfilmtagen in Oberhausen mit dem begehrten MuVi-Preis ausgezeichnet.

Ingo Bischof

Bei Ingo Bischof handelt es sich um einen Rockmusiker, welcher im Unterschied zum Gros dieser Spezies über eine fundierte musikalische Ausbildung verfügt. Der Keyboarder wurde 1951 in Berlin-Kreuzberg geboren und hatte das Glück, im zarten Alter von acht Jahren und auf eigenen Wunsch eine klassische Klavierausbildung beginnen zu können, die sich über gut sechs Jahre erstreckte. Was ihn nicht davon abhielt (oder gar animierte? Der Sätzer), ein besonderes Faible für die Rockmusik zu entwickeln. Bereits mit 15 Jahren gründete er seine erste eigene Band namens Marvin Kemper and the Soul-Group, 1969 dann die Formation Modivations. Ausgesprochen erfolgreich geriet ab 1970 seine Mitwirkung in der Band des Gitarristen Joey Albrecht, die seinerzeit zu einer der populärsten Funkbands Deutschlands avancierte.

So konnte er wertvolle Erfahrungen sammeln und seine eigene Spielweise an den Keyboards entwickeln und kultivieren, für die er in der Szene bald großen Zuspruch fand. Von 1975 bis 2007 gehörte er zur Stammbesetzung der Rockband Kraan und musizierte auch mit prominenten Acts wie Karthago und Guru Guru. Zahlreiche ebenso unterschiedliche wie berühmte Künstler wie Ulrich

Roski, Frank Diez, Annette Humpe, Alex Conti, Gitte Haenning, Ulla Meinecke oder Reinhard Mey nahmen sein Können als Studiomusiker für ihre Produktionen in Anspruch. 2008 spielte er unter Mithilfe befreundeter Kollegen wie z.B. Hellmut Hattler, Ali Neander und Thorsten de Winkel sein erstes Soloalbum Reconstructed ein. Im selben Jahr startete er außerdem er sein Live-Projekt „Berlin Blues", das er mit den Gitarristen Alex Conti und Frank Diez auf die Bühnen brachte.

Butze Fischer

In gewisser Weise könnte man Butze Fischer als ein Alter ego von Mani Neumeier bezeichnen. Nicht nur, weil es sich auch bei ihm um einen brillanten Schlagzeuger allerster Güte handelte oder er produktive zwei Jahre lang als Co-Drummer bei Guru Guru die Trommel rührte, was das Zeug hielt. In vielerlei Hinsicht, in persönlichen wie musikalischen Belangen, waren die beiden ziemlich ähnlich gestrickt und mit einem erstaunlich kompatiblen Taktgefühl ausgestattet. Beide hatten einen ausgeprägten Hang zu nonkonformen Denk- und Sichtweisen und anarchischen Fantasien, beide teilten eine große Liebe zu freier Kreativität und eine starke Abneigung gegenüber allen autoritären Dogmen und kommerziellen Opportunismen. Eines ihrer Stücke trug den vielsagenden Titel Geistertrommler und brachte damit diese Freundschaft treffsicher auf den Punkt. Sie gingen von der Prämisse aus, dass sich so gut wie alles auf dem Rhythmus aufbaut.

Butze Fischer öffnete dem klassischen Schlagzeugspiel zusätzliche Dimensionen, indem er es mit theatralischen Elementen, Kostümierungen und szenischen Darstellungen zu neuen Formen von Drum-Performances verwob.

Sein Können und nie versiegender Einfallsreichtum wussten eine Reihe von deutschen Rockbands wie Missus Beastly oder Sparifankel für ihre Musik zu nutzen. Auch an Theaterprojekten wie dem Berliner Theaterensemble Panoptikum oder einer Truppe namens Hans Wurst Nachfahren (!) hat er mitgewirkt, mit seiner Band Tavil und seinem Freund Ingo Bischof auf Tour. Im Tavil-Spiel war er vom Meister Paramashivam Pillai unterrichtet worden. Sogar international hat sein umtriebiger Geist für respektable Resonanzen gesorgt. Auf Tourneen durch die USA waren dortige Musikerkollegen und das Publikum regelrecht hingerissen von seiner skurrilen Musikalität. Butze Fischer wurde 1954 geboren und ist im März 2002 in Indien verstorben.

Axel („Ax“) Genrich

Es gab und gibt viele exzellente Gitarristen und das ist gut so. Und es gibt einige unter ihnen, die ihren eigenen, unverwechselbaren Stil entwickelt haben und das ist noch besser. Ax Genrich gehört zu diesen Ausnahmemusikern, die Art und Weise seiner gitarristischen Improvisationskunst sucht ihresgleichen. Die kann man kaum beschreiben, man muss sie hören und auf sich wirken lassen, um sich ein Bild zu machen. Geboren wurde er kurz vor Ende des Weltkrieges im März 1945. Sein Debut als Profimusiker gab er 1970 in der legendären Deutschrock-Band Agitation Free, der er gut drei Monate angehörte um dann bei Guru Guru einzusteigen. Dort spielte er bis 1974 und wirkte an fünf Guru Guru LPs mit. Kurz nachdem er bei Guru Guru ausgestiegen war, veröffentlichte er unter Mithilfe namhafter Kollegen der deutschen Rockszene sein erstes Solo-Album Highdelberg, das heute noch unter Sammlern fast schon Kultstatus genießt.

Seine erste eigene Band Rif gründete er zu Beginn der 80er Jahre, dort lag der Focus auf punk-orientiertem Rock mit deutschen Texten. Von 1975 bis 2009 sind vier Soloproduktionen von ihm erschienen. 2003 hob er mit Mani Neumeier und Dave Schmidt das Projekt „Psychedelic Monsterjam“ aus der Taufe. 2009 mit Neumeier, Guy Segers und Mario Engelter das Trio Gurumaniax und die gemeinsam produzierte LP/CD Psy Valley Hill. Seit 2009 ist er mit seiner neuen Formation Ax Genrich & Band unterwegs.

Hellmut Hattler

Geboren wurde er 1952 in Ulm. Bekannt geworden ist Hellmut Hattler mit der Rockband Kraan, die er im Jahre 1971 gemeinsam mit den Brüdern Peter und Jan Wolbrandt sowie Johannes Pappert und dem Schlagzeuger Jan Fride ins Leben gerufen hatte. Zuvor war die Gitarre sein Hauptinstrument gewesen und Jimmy Hendrix sein großes Vorbild. Mit dem Einstieg bei Kraan begann er sich auf den Bass zu konzentrieren, mittlerweile gilt er als einer der bedeutendsten Bassisten der deutschen Rockszene. Und Kraan als ein besonderes Markenzeichen für innovativen, dynamischen und tanzbaren Rock aus Deutschland. Die Formation Kraan gibt es mit Unterbrechungen bis heute und hat bislang 18 Alben veröffentlicht, darunter regelrechte Meilensteine wie Flyday im Jahre 1979 oder Psychedelic Man im Jahre 2007. 1986 tat er sich nach einem Zwischenspiel bei der Pop-Gruppe Fehlfarben mit dem Trompeter Jo Kraus und dem Gitarristen Torsten de Winkel zur Produktion des Albums Humanimal Talk zusammen, daraus entstand nach de Winkels Übersiedlung in die USA das Duo Tab Two, welches bald zur führenden deutschen Acid-Jazz Band avancierte und insgesamt sieben Alben vorlegte, darunter den internationalen Erfolg Flagman Ahead . Tab Two konzertierte weltweit und lieferte sogar Kompositionen für den Megastar Tina Turner.

Auch Hellmut Hattlers zahlreiche Soloprojekte erregten Aufsehen. So z.B. sein 2000 gestartetes Projekt Hattler, in dessen Rahmen bis 2010 neun Alben entstanden, im Jahr 2000 auch die CD No Eats Yes, die im März 2001 mit dem deutschen Musikpreis Echo ausgezeichnet worden ist. Daneben gab und gibt es immer wieder enge Kooperationen mit befreundeten Musikerkollegen wie z.B. Ali Neander oder eben – schliesslich stehen sich Bassisten und Schlagzeuger zumeist sehr nahe – mit Mani Neumeier.

Christoph („Chris“) Karrer

1987 taten sich in München ein paar junge Wilde zusammen, um – wie sie es sahen – alternatives Leben und Arbeiten auszuprobieren, Konventionen zu brechen, Grenzen zu überschreiten, insbesondere Leben und Musik ganz anders unter einen neuen Hut zu bringen, als man es bis dahin gewohnt war. Sie gründeten eine Art Musikkommune, die aus elf Erwachsenen und zwei Kindern bestand und nach unangepassten Lebensformen suchte, musikalisch zu experimentieren begann und ein im echten Wortsinne ambitioniertes Multimediaprojekt auf die Beine stellte. Das Ganze nannten sie Amon Düül, eine Wortschöpfung aus der alt-ägyptischen und der türkischen Sprache. Zu ihnen gehörte auch der Musiker Chris Karrer.

Kurz vor ihrem ersten großen Auftritt bei den Essener Songtagen 1968 teilte sich die Gruppe und Chris Karrer formierte mit einigen seiner Freunde das Kunst- und Kommunikationsensemble Amon Düül II. Amon Düül II entwickelte sich zu einer der bekanntesten Musikgruppen der damaligen alternativen bzw. explizit nonkonformistischen Musikszene und machten mit ihren Auftritten und zahlreichen LPs weit über Deutschland hinaus auf sich aufmerksam. Musikindustrie und -Publizistik verpassten dieser Geschichte damals das Klischee Progressive Underground. Chris Karrer wurde im Januar 1947 in Kempten geboren und begann nach seinem Abitur ein Studium an der Kunsthochschule in München. Mit 12 Jahren hatte er angefangen, Banjo und Sopransaxophon zu spielen, später kamen Gitarre, Oud und Violine dazu und noch während seines Studiums begann er sich mit dem Freejazz zu beschäftigen. Und von da aus dann mit allen möglichen musikalischen Ausdrucksformen, insbesondere den Querverbindungen unter den einzelnen Genres. Eine übergreifende Sichtweise in musikalischen Belangen wurde bald zum Markenzeichen von Chris Karrer. Und so tauchte sein Name nach Amon Düül bald auch in den Besetzungen prominenter Bands wie Embryo und Guru Guru auf. Weltweit bekannt wurde er durch seine Mitwirkung an dem Soundtrack Fitzcarraldo von Popol Vuh, auch steuerte er Soundtracks zu Filmen von Hans-Jürgen Syberberg und Rainer Werner Fassbinder bei. Seine Soloproduktionen mit herausragenden Musikern wie dem Schlagzeuger Curt Cress, dem Oud-Virtuosen Rabih Abou-Khalil oder Mani Neumeier gehören mittlerweile zu den zeitlosen Meilensteinen einer weltmusikalisch orientierten deutschen Rockmusik.

Peter („Kühmi“) Kühmstedt

Biographien nach Schema F passen nicht für Musiker. Ihr Werdegang folgt gemeinhin nicht starren Konventionen sondern eher der eigenen Intuition. Bei dem Bassisten Peter Kühmstedt jedenfalls ist genau das der Fall. Er wurde 1951 geboren, hat zunächst ganz normal das Gymnasium besucht, es dann aber vor dem Abitur abgebrochen um nach Berlin zu gehen und dort Musik zu machen. Anfangs semiprofessionell, später endlich auf hauptberuflicher Basis. Das notwendige Rüstzeug erwarb er sich mehr oder weniger autodidaktisch indem er von älteren, erfahrenen Musikern lernte und sich so nebenbei auch das Musiktheoretische Wissen aneignete. Erste Erfolge konnte er bald in der Band des Jazzrockers Dieter Seelow verbuchen. Ab 1977 spielte er dann den Bass bei Guru Guru. Mani Neumeier war auf der Suche nach einem Bassisten auf ihn aufmerksam geworden und von seinen Talenten so überzeugt, dass er ihn quasi aus dem Stand heraus für Guru Guru gewann. Gemeinsam zauberten sie den „Steady Guru Groove“ und haben damit durchaus ein kleines Stück Rockgeschichte geschrieben. Zuvor spielte er in der Rockformation Aera und wirkte dort an zwei LP Produktionen mit und auch Hamburgs populärste Liveband Elephant hatte ihn damals in ihren Reihen. Der Hansestadt ist er übrigens auch durch seine Mitwirkung an der Hamburg Bluesband eng verbunden, die immer noch auf den Konzertbühnen präsent ist.

Von 1990 bis 1996 gehörte er der Begleitband des Liedermachers und Rockmusikers Stefan Stoppok an, danach arbeitete er mit dem Gitarristen Hannes Bauer aus dem Team von Udo Lindenberg zusammen und zwischen 2004 und 2008 war er beim Reunion von Elephant mit von der Partie. Alles Aktivitäten quasi im Orbit des Mutterplaneten Guru Guru. Wie auch seine Experimente in der Accoustic Jazz Combo Strings On Wings, die mutige instrumentale Brückenschläge zwischen Jazz a la Django Reinhardt und Irish Jazz probiert.

Kawabata Makoto

Über das Geschehen in der Japanischen Musikszene erfährt man in Europa in der Regel herzlich wenig. Allenfalls Künstler, die von der multinationalen Musikindustrie unter ihre Fittiche – man könnte auch sagen: Fuchtel – genommen werden, dringen hierzulande gelegentlich durch. Wenn überhaupt. Infolge dessen kommt vieles, was in Japan abseits des kommerziellen Mainstreams im Bereich des Jazz oder progressive Rock oder anderen avantgardistischen Stilen prächtig blüht, hierzulande kaum zu Gehör. Daran haben auch digitale Kommunikationstechniken und globale Verdrahtun-gen kaum etwas geändert. So sind es dann letztlich die persönlichen Beziehungen zwischen den Musikschaffenden beider Seiten selbst, die einen Austausch befördern. Über diesen Weg sind Mani Neumeier und Guru Guru in Japan unverhofft bekannt geworden und auch umgekehrt haben Mani Neumeiers Kooperationen mit japanischen Musikern diese hierzulande in den Focus gerückt und dem europäischen Publikum die Augen bzw. die Ohren geöffnet. Wie auch im Fall des japanischen Musikers und Komponisten Kawabata Makoto, der als Gitarrist, Violinist und Experimentator mit traditionellen japanischen Instrumenten zu den profiliertesten Akteuren der zeitgenössischen Musik Japans gehört. Er wurde 1965 in Osaka geboren und hat Ende der 70er Jahre erstmals mit seiner ersten Band Ankoku Kakumei Koyodotai (Dark Revolution Collective) und ihren anarchischen Synthesizer-Noise Kollagen für Aufsehen gesorgt.

Mit seiner zweiten eigenen Formation Erochika konzentrierte er sich zwischen 1981 und 1984 auf die Einbeziehung traditioneller Japanischer Klassik in zeitgenössische Konzepte, 1984 kamen im Rahmen des Ensembles Hedeik verstärkt psychedelische Elemente hinzu, 1993 begann er schliesslich, sich intensiv mit Jazz auseinander zu setzen, in dieser Zeit lebte er in einer japanischen Beatnik-

Kommune. 1987 verbrachte er einige Zeit in der New Yorker Musikszene, spielte dort mit amerikanischen Musikern und bestritt seinen Unterhalt zeitweise sogar mit Straßenmusik. Er wurde danach bald zu einem der produktivsten und einflussreichsten japanischen Avantgarde-Musiker, rastlos, immer in Bewegung, Initiator unzähliger Musikprojekte und wichtiger Bands mit einem nicht enden wollenden Ausstoß höchst innovativer Musikproduktionen und Alben, ein echter Mastermind, wie er im Buche steht. Nicht von ungefähr prägte der den Begriff Speed-Guru und füllte ihn mit Leben aus. Sein international bekanntestes Projekt wurde das 1995 gegründete Acid Mothers Temple Projekt, mit dem er bis heute in zahlreichen Varianten in der ganzen Welt, insbesondere auch in Europa, unterwegs ist. 1998 gründete er in diesem Zusammenhang sein eigenes Acid Mothers Temple Label. Seine Zusammenarbeit mit Mani Neumeier begann im Jahre 2006, als er den zu einem Konzert im Rahmen von Acid Mothers Temple & The Melting Paraiso UFO in Nagoya einlädt. Danach setzen die beiden mit dem japanischen Musiker Atsushi Tsuyama ihr Gemeinschaftsprojekt Acid Mothers Guru Guru ins Werk. Drei Alben sind in dieser Konstellation bereits erschienen, eine Tournee in die USA und vier Japan-Tourneen haben sie hinter sich gebracht, ihr Trip ist noch nicht zuende.

Dieter Moebius

Dass ausgewiesene Avantgarde-Musiker mit ihren Künsten weitreichende Impulse geben und dafür bereits zu Lebzeiten nicht nur unter Kollegen und den sog. Kritikern einhelliges Ansehen genießen, auch wenn sie ihrer Zeit weit voraus sind, kommt nicht gerade häufig vor. Dieter Moebius ist eine dieser seltenen Ausnahmen.

Geboren wurde er 1944 in Appenzell in der Schweiz, nach seiner Schulzeit studierte er Kunst in Brüssel und Berlin. Dort lernte er die Musiker Hans-Joachim Roedelius und Conrad Schnitzler kennen, mit denen er 1969 die Formation Kluster gründete, die in Cluster umbenannt wurde, nachdem Schnitzler das Ensemble nach drei Alben 1971 verlassen hatte. Die Band reüssierte bald zu einem der führenden und einflussreichsten Musikensembles im Bereich der experimentellen und elektronischen Musik und veröffentlichte von 1971 bis 2009 insgesamt 14 Alben, darunter 1977 und 1978 zwei LPs gemeinsam mit dem Pop-Star Brian Eno. Ausserdem arbeitete er mit dem Musiker und Komponisten Michael Rother und mit Hans-Joachim Roedelius an dem Bandprojekt Harmonia, das von 1974 bis 2007 insgesamt vier hörenswerte Alben einspielte, eines davon 1997 ebenfalls mit Brian Eno. Nebenher gab es immer wieder jede Menge folgenreiche Kooperationen mit befreundeten kreativen Menschen wie Conny Plank oder Mani Neumeier, sodass sich das Spektrum seiner musikalischen Aktivitäten bald von Kosmischer Musik über Electronic Music, Ambient oder Psychedelic Rock bis zur Experimental Music erstreckte und er mittlerweile in einigen dieser Genres zu den tonangebenden Pionieren gezählt wird.

Paramashivam Pillai

Geboren wurde Paramashivam Pillai wahrscheinlich um 1925 in Madurai, Südindien. Er selbst wußte das nicht so genau, das tatsächliche Datum seiner Geburt kennen nur noch die Götter. Sehr gut in Erinnerung hatte er aber, bereits als kleines Kind mit dem Tavil-Spiel begonnen zu haben. Rund 40 Jahre lang war er als Tavil-Spieler am Tempel von Madurai tätig. Er gehörte in seiner Heimat und weit darüber hinaus zu den ganz großen Meistern seines Fachs. Und zwar im doppelten Wortsinn als virtuoser Musiker ebenso wie als Lehrer und Ziehvater begabter junger Lehrlinge bzw. Trommler, denen er sein Können, seine weitreichenden Erfahrungen und die besondere Liebe zur Tavil wirkungsvoll zu vermitteln vermochte.

So hat er sicher auch dazu beigetragen, der Tavil den ihr gebührenden Platz im weltmusikalischen Klanggefüge zu verschaffen. Menschen, die ihn gut kannten, bezeichneten ihn gar als ein universales wandelndes Rhythmuslexikon. Roland Schaeffer lernte ihn im Verlauf seiner ersten Indien-Tour Anfang der 80er Jahre kennen und lud ihn darauf zum East Meets West Tournee-Projekt nach Deutschland ein. In den Jahren 1984 und 1985 wohnte Paramashivam Pillai in der Kommune von Guru Guru im beschaulichen Odenwald-Dorf Finkenbach und arbeitete eng mit Mani Neumeier und Co. zusammen. Mani ging damals bei ihm in die Lehre und ließ sich von ihm im Tavil-Spiel unterweisen. Auch andere prominente Acts der deutschen Szene wie die Gruppe Embryo konnten ihn für ihre musikalische Arbeit gewinnen. So hat er auch der deutschen Musikszene seinen Stempel aufgedrückt. Paramashivam Pillai ist im Jahre 2007 verstorben.

Konrad („Conny") Plank

Der Mensch am Mischpult agiert vornehmlich im Hintergrund und steht selten im Rampenlicht. Dabei entscheidet sein Können oft genug über Wohl und Wehe einer Musikproduktion. Ein Gutteil des Sounds einer Musikaufnahme entsteht bekanntlich an den Reglern des Mischpults. Nur wenigen Toningenieuren wird der ihnen gebührende Ruhm zuteil. Für Conny Plank gilt das in ganz besonderer Weise. Er hat mit seinem handwerklichen Können, seinem Einfühlungsvermögen in künstlerische Belange und nicht zuletzt seinem antikommerziellen Wagemut bewiesen, wie innovativ und nachhaltig die Arbeit hinter den Kulissen der Aufnahmestudios wirken kann. Seine Musikalität hatte er bereits als Jazztrompeter unter Beweis gestellt,

als er in den 60er Jahren die Chance bekam, im Aufnahmestudio des Westdeutschen Rundfunks als Tonassistent an Produktionen von Karlheinz Stockhausen mitzuwirken und danach dem EMI Electrola Musikregisseur Wolfgang Hirschmann beim Abmischen von Konzerten so prominenter Interpreten wie Marlene Dietrich oder Duke Ellington zur Hand zu gehen. 1969 machte er sich dann mit seinem eigenen Tonstudio Rainbow Productions selbstständig. Eines der ersten Projekte war die Aufnahme des Albums „Tone Float mit Florian Schneider und Ralf Hütter, ein Art Vorläufer der später höchst erfolgreichen Kraftwerk Produktionen. Das erste reguläre Kraftwerk-Album enstand 1970 in Connys Studio und auch eine Reihe anderer Kraftwerk-Alben kamen unter seiner Regie zur Welt, darunter besonders die weltberühmte Kraftwerk-LP „Autobahn . Seither gab sich bei ihm die Creme der deutschen und europäischen Rockszene die Klinke in die Hand. Große Stars wie Gianna Nanini, U2, Annie Lennox, Astor Piazolla, Ultravox oder Talking Heads oder Eurythmics ebenso wie bekannte Protagonisten der heimischen Rockmusik wie die Gruppe BAP, Nina Hagen, Kraan, Ash Ra Tempel, Guru Guru oder Popmusiker wie Achim Reichel, sie alle vertrauten den besonderen Fähigkeiten von Conny Plank und spielten Alben in dessen Studio ein. Seine Erfolge versetzten Conny Plank in die Lage, manche Produktion auch auf eigene Rechnung zu wagen und so vor allem noch nicht etablierten Künstlern eine Plattform für musikalische Experimente zu bieten, die sie sonst aus Geldmangel nie hätten verwirklichen können. Das betraf auch seine eigenen avantgardistischen Projekte als Musiker in Zusammenarbeit mit ebenso ambitionierten wie wagemutigen Partnern wie Dieter Moebius und Mani Neumeier. Conny Plank wurde im Mai 1940 geboren und ist im Dezember 1987 mitten in einem Projekt mit der Produzentin Annette Humpe gestorben. Sein Tod war für die gesamte deutsche Musikszene unersetzlicher Verlust, niemand konnte danach in seine Fußstapfen treten.

Hans Reffert

Hans Reffert – Jahrgang 1946 – zählt zu jenen phantasiebegabten Menschen, die gleich in verschiedenen Metiers zuhause sind. So hat er z.B. 1962 und 1963 Malerei studiert, seine Bilder und Objekte sind seit Beginn der 70er Jahre bis heute auch auf zahlreichen Kunstausstellungen zu sehen.

Nach ein Paar Semestern Kunststudium wechselte er dann zur Gitarre, und 1966 studierte er außerdem noch Querflöte und Komposition. Erste öffentliche Auftritte als Musiker absolvierte er ab 1970 im Duo Flute And Voice mit seinem Kollegen Hans Brandeis. Die beiden kreierten eine Musik, die bald als Psychedelic Folk von sich Reden machte und veröffentlichten 1970 ihre erste LP Imaginations Of Light auf einem damals in psychedelischer Hinsicht extrem ambitionierten Label des selbsternannten und später dann auch folgerichtig in der Versenkung verschwundenen Rock Papstes Rolf Ulrich Kaiser mit dem bezeichnenden Namen Pilz. 1973 und 1974 entstanden in diesem Kontext zwei weitere Alben, die aber erst viel später, nämlich 1995 und 1996, quasi posthum veröffentlicht wurden. Achtungserfolge konnte er mit seiner ersten eigenen Band Zauberfinger verbuchen. 1984 stieg er dann als Gitarrist und Sänger bei Guru Guru ein, Mani Neumeiers Lebensprojekt ist er stets verbunden geblieben, hat sich aber darüber hinaus auch mit anderen Engagements einen Namen gemacht. Im Ensemble Sanfte Liebe zum Beispiel, das von der Sängerin Barbara Lahr geleitet wurde. Oder in gänzlich anderen Musiksparten mit Jobs in Orchestern von Schlagerstars wie Caterina Valente. Überdies beteiligte er sich häufig an Projekten befreundeter Kollegen, z.B. dem Mannheimer Liedermacher Bernd Köhler alias Schlauch oder der Sängerin und Geigerin Dorle Ferber. Hörens- und sehenswert ist ferner sein höchst originelles Musik-Duo namens Schramml 'n' Slide mit dem Gitarristen Adax Dörsam, das bislang sieben Alben veröffentlicht hat. Ende der 70er Jahre begann er an Auftragskompositionen für verschiedene Bühnen wie dem Nationaltheater Mannheim sowie an Soundtracks für Film- und Fernsehproduktionen zu arbeiten. Und 1987 machte er mit seinem Buch „Total Normal – Musik für Adolf Wölfli“ erstmals auch als Autor von sich reden. Im Jahr 2008 veröffentlichte er unter dem Titel „Westlich Bb9“ sein erstes Solo-Album, auf dem er vor allem der traditionsreichen Weissenborn Gitarre zu neuen Höhenflügen verhalf. Das Spiel mit der Slide-Gitarre ist eine besondere Spezialität von Hans Reffert. Kaum einer beherrscht es hierzulande so perfekt wie er.

Roland Schaeffer

Die Neugier auf Musik jenseits des eigenen Genres gehört unter Rockmusikern zum guten Ton. Für den Multiinstrumentalisten – und Sänger – Roland Schaeffer war und ist das eine schlichte Selbstverständlichkeit. Er wurde 1950 in Baden Baden geboren, versuchte sich mit 14 Jahren an der Klarinette, spielte während der Schulzeit Gitarre und studierte nach dem Abitur an der Hochschule für Musik in Karlsruhe fünf Semester Saxophon und Kontrabass. Und legte damit eine solide Grundlage für seine spätere Karriere als professioneller Musiker. Die begann er 1968 mit der Jazzrock-Formation Fashion Pink, welche ab 1972 unter dem Namen Brainstorm firmierte und bis 1973 zwei Alben veröffentlichte sowie die Musik zu Filmen, Theaterinszenierungen und Spots der TV-Serie Sendung mit der Maus lieferte. 1975 schloss er sich Mani Neumeiers Guru Guru an, blieb dort bis 1981 um dann mit befreundeten Musikern wie Butze Fischer das Musikprojekt Dadadogs auf die Beine zu stellen, mit dem er bis nach Indien tourte.

Dort lernte er auch die indische Nadaswaram zu spielen, die er heute noch bei seinen Auftritten zum Klingen bringt. Fortan arbeitete er immer wieder mit namhaften Akteuren der Weltmusik-Szene zusammen. Dem Harfenisten Rüdiger Oppermann zum Beispiel oder dem Kora-Virtuosen Malamini Jobarteh oder mit Bands wie Embryo und den Dissidenten, aber auch mit Musikern der Deutschrock-Szene wie Roman Bunka oder Hellmut Hattler. In den 90er Jahren gründete mit mit dem Tablavirtuosen Jatinder Thakur und dem Saxophonisten Heinrich von Kalnein die Formation Free Winds und absolvierte mit diesem Trio zwei Tourneen nach Indien und Sri Lanka. Seit 1991 gehört Roland Schaeffer als Gitarrist, Saxophonist und Sänger zur Stammbesetzung von Guru Guru, arbeitet daneben aber auch an verschiedenen Soloprojekten.

Irene Schweizer

Von Kindesbeinen an war die Musik ihr Ding. 1941 in Schaffhausen geboren, erlernte sie schon früh das Spiel an der Handorgel, mit zwölf Jahren begann sie sich autodidaktisch mit Klavier und Schlagzeug zu beschäftigen – sehr bald auch mit regulärem Unterricht – und bereits im Alter von 14 Jahren spielte sie Schlagzeug in einer Dixielandband. Mittlerweile gilt Irene Schweizer als Grande Dame der schweizer Jazzszene und als wegweisende Pionierin des europäischen Freejazz. Sie hatte 1958 den Modern Jazz für sich entdeckt und trat mit der Formation Modern Jazz Preachers mehrere Jahre regelmässig beim Jazzfestival in Zürich auf. Zum Freejazz kam sie 1966 durch Begegnungen mit Jazzstars wie Abdullah Ibrahim alias Dollar Brand oder Cecil Taylor. 1983 gründete sie daraufhin ihr legendäres Irene Schweizer Trio mit dem Bassisten Uli Trepte und Mani Neumeier am Schlagzeug, die 1968 vom Drummer Pierre Favre und dem Bassisten Peter Kowald abgelöst wurden. Irene Schweizers Spezialität wurde die Verbindung von südafrikanischen Wurzeln mit Anklängen klassischer Jazzschulen im Stile von Duke Ellington oder Thelonious Monk und dem weiten Feld der freien Improvisation. Seit einem fulminanten Auftritt beim Jazz Festival Willisau im Jahre 1976 wandelte sie auch mit großer Resonanz auf solistischen Pfaden.

Und engagierte sich mit ihrem künstlerischen Background zunehmend auch für die Frauenbewegung, z.B. 1980 im Rahmen der bekannten Feminist Improvising Group. 1990 erhielt sie für ihre musikalische Arbeit den Kulturpreis der Stadt Schaffhausen, 1991 wurde sie außerdem mit dem Kunstpreis der Stadt Zürich ausgezeichnet. Bemerkenswert sind überdies ihre Aktivitäten zur Stärkung wichtiger Institutionen des Jazz in der Schweiz. So war sie maßgeblich an der Gründung des Züricher Taktlos Festivals und des renommierten Labels Intakt Records beteiligt. Für Musikschaffende eher ungewöhnlich sind ferner ihre politischen Interessen und Aktivitäten, wie z.B. eine Kandidatur für die Wahl zum Schweizer Nationalrat auf der Alternativen Liste im Jahre 2007.

Uli Trepte

Uli Trepte gehörte zu den frühen musikalischen Weggefährten von Mani Neumeier. Gemeinsam mit der Schweizer Pianistin Irene Schweizer hoben sie 1966 das Free-Jazz Ensemble Irene Schweizer Trio aus der Taufe, wo er den Kontrabass spielte. Diese Formation hat rasch europäische Jazz-Geschichte gemacht und mit zwei LPs sowie zahlreichen Konzerten und Auftritten im Rahmen von bedeutenden Jazz-Events, wie dem Frankfurter Jazz-Festival 1966 oder den Berliner Jazztagen 1967 großes Aufsehen erregt und sich weit über die Avantgarde-Szene hinaus profiliert. So wurden auch internationale Stars wie John McLaughlin, Yuseef Lateef, Mal Waldron oder Gato Barbieri auf Uli Treptes Talente aufmerksam und luden ihn zu Auftritten sein. Im in vielerlei – nicht zuletzt auch musikalischer – Hinsicht geschichtsträchtigen Jahr 1968 wechselte er zum E-Bass und gründete zusammen mit Mani Neumeier und dem Gitarristen Eddy Naegeli, der im Dezember 1968 durch Herbert Sax und ab März 1969 durch Jim Kennedy und schließlich von Ax Genrich abgelöst wurde, die Free-Rockband Guru Guru Groove, später dann nur noch Guru Guru genannt.

Dort spielte er bis 1972 und wechselte dann zu Progressive Rock Gruppen wie Neu, Faust und Kickbit Information um schliesslich mit eigenen Bands wie Spacebox (zwei LPs) von 1975 bis 1984 und Move Groove (ebenfalls zwei CDs) von 1996 bis 2001 sowie an Soloprojekten als Musiker, Komponist und Texter zu arbeiten. Seine besondere Spezialität war die Entwicklung einer polyphonen und modalharmonischen, zyklisch strukturierten, elektrischen und heftig groovenden Musik, die ihm das Image eines musikalischen Nonkonformisten eintrug. 1981 verbrachte er mehrere Monate in Tokyo, 1982 lebte er ein Jahr lang in New York und 1985 ließ er sich schließlich in Berlin nieder, wo er seinen „Modal Minor Constant Structure Blues“ Stil in Zusammenarbeit mit namhaften Kollegen wie Edgar Hofmann (Embryo) oder Hans Hartmann (ex Guru Guru) ins Werk setzte. Auch Soloprojekte wie „Bass & Lyrik“ im Jahre 2002 und Sessions mit Musikern wie Chris Karrer (Amon Düül) und Geoff Leigh (ex Henry Cow) oder die Einspielung von insgesamt sieben eigenen Alben machten in der Szene Furore. Uli Trepte wurde 1941 in Kostanz geboren und ist am 21. Mai 2009 in Berlin einer Krebserkrankung erlegen.

Atsushi Tsuyama

Eigentlich bilden Bassisten ja den ruhenden Pol eines Ensembles, markieren die Wegmarken und geben die Richtung vor, in die sich die Musik bewegt. Zumindest, wenn sie nicht gerade auf solistischen Pfaden wandeln. Bei Atsushi Tsuyama ist das etwas anders gelagert. Er ist ein unruhiger Geist, immer zu Höhenflügen und Späßen aufgelegt, was besonders seiner Spielweise enorm zu Gute kommt.

Nicht zuletzt deshalb gilt er als einer der innovativsten Bassisten der japanischen Jazzszene. Geboren wurde er 1958 in Osaka und schon in jungen Jahren geriet er in die Fänge des Jazz, der ihn nie wieder losgelassen hat. Er begann früh, sich intensiv mit experimentellem Jazz zu beschäftigen und ist seither auf den Bühnen der japanischen Clubs zuhause und eine feste Größe der Szene.

Ausser mit dem Bass weiß er auch bestens mit Gitarre, Flöte und traditionellen japanischen Instrumenten umzugehen. Und: er kann singen, vokale Elemente kommen bei ihm keineswegs zu kurz. Und es gibt für ihn ein Leben neben der Musik. So nimmt er regelmäßig Auszeiten, um als Forstranger zu arbeiten, darauf legt er großen Wert. Ab 1998 tourt er auch international im Rahmen des Avantgarde-Projekts Acid Mothers Temple und anderen Experimentalbands, regelmässig auch in den USA, wo er ebenfalls viel Zuspruch erfährt. Mani Neumeier und Atsushi Tsuyama haben sich 1996 kennen und schätzen gelernt, als Atsushi mit seiner Band Akaten als Supportact bei einem Guru Guru Konzert in Osaka auftrat. Erstmals gemeinsam musiziert haben die beiden dann im Jahr 2005 in einem Trio mit dem japanischen Gitarristen Seiichi Yamamoto.

Kazuhisa Uchihashi

Ob mit Peter Brötzmann, Derek Bailey und Leo Smith, ob mit Jon Rose, Elliott Sharp und Lauren Newton oder ob mit Samm Bennet, Roger Turner und Hans Reichel, der japanische Komponist, Gitarrist und Szene-Organisator Kazuhisa Uchihashi hat schon mit vielen bedeutenden Protagonisten des modernen Jazz gemeinsame Sache gamacht und sich international einen guten Ruf als einer der weltbesten Jazz-Gitarristen erworben. Geboren wurde er 1959 in Osaka. Das Gitarrenspiel begann er im Alter von 12 Jahren, während seiner Schulzeit spielte er in Folk- und Rockbands. Zum Jazz kam er im Verlauf seines Studiums an der Universität von Osaka und begann in dieser Zeit in den Jazz-Clubs der Metropole aufzutreten. 1988 stieg er in die Jazzband First Edition ein, einem an freien Improvisations-Konzepten orientierten Ensemble, das immer noch existiert. Seither war er in zahlreichen wegweisenden Bands engagiert, tourte durch die ganze Welt des Jazz und absolvierte viel beachtete Konzerte auf internationalen Jazz-Festivals, z.B. dem Taktlos Festival in der Schweiz, dem New Yorker Knitting Night Festival oder dem LMC Festival in London, dem Enjoy Jazzfestival mit Mani Neumeier in Heidelberg und dem Free Music Workshop in Berlin. Diese internationale Präsenz nutzte er, um ein dichtes und aus-

gesprochen produktives Netzwerk unter gleichgesinnten Musikerkollegen zu knüpfen und so etwas wie eine weltweite Community der Improvisationskünstler aufzubauen. 1992 gründete er sogar ein eigenes Label namens Zenbei Records, um damit seinen Projekten eine stabile Plattform zur Veröffentlichung von Tonträgern und Videos zu schaffen und die Kontrolle über ihre Vermarktung zu behalten. Sein besonderes Augenmerk galt stets der Förderung junger talentierter Nachwuchsmusiker, die er zu Workshops und gemeinsamen Produktionen rekrutierte, um ihnen neue Wege für ihre künstlerische Entwicklung zu eröffnen und ihr Potential zu erschließen. Geradezu atemberaubend an den Aktivitäten von Kashuhisa Uchihashi ist sein besonderer Wagemut wenn es darum geht, kulturelle sowie stilistische Grenzen zu überschreiten und dabei andere Kunstformen wie Malerei, Poesie oder Tanz in sein Schaffen zu integrieren.

Etsuko Watanabe

In den 70er Jahren spielte Etsuko Watanabe eine Zeit lang in einer der einflussreichsten – und wahrlich ausgeflipptesten – Psychedelic Bands Japans, die von ihrem damaligen Ehemann Sakuro Watanabe geleitet worden ist und unter dem Namen Maru-Sankaku-Shikaku firmierte. In japanischen Schriftzeichen und in der Bedeutung ein Kreis, ein Dreieck und ein Viereck. Die Band galt in Japan als typischer Vertreter der fernöstlichen Hippiebewegung, die seinerzeit vor allem in Großstädten und an Universitäten Japans viele Anhänger hatte. Geboren wurde Etsuko 1948 im Norden Japans, nach ihrer Zeit als Avantgarde-Musikerin lebte sie in Tokyo, zog drei Söhne groß, machte Livemusik, arbeitete als Fotografin und präsentierte

ihre Bilder in Ausstellungen. Heute lebt sie im deutschen Odenwald und beschäftigt sich intensiv mit (japanischer) Gartengenstaltung und Fotografie. Seit dem Jahr 2005 ist Etsuko mit Mani Neumeier verheiratet. Sie wirkt häufig als Inspiratorin und Co-Musikerin an seinen perkussiven Inszenierungen mit.

DISKOGRAPHIE

Die Aufnahmen dieser Anthologie stammen aus folgenden Alben:
Guru Guru – Ufo. Guru Guru – Hinten. Guru Guru – Globetrotter. Guru Guru – Mani In Germany. Guru Guru – 2000 Gurus. Guru Guru – PSY. Irene Schweizer Trio – Early Tapes. Tiere der Nacht – Kräuter und Weltmeister. Moebius/ Plank/Neumeier – Zero Set. Mani Neumeier – Privat. Terra Amphibia. Mani Solo. Mani Neumeier & Kazuhisa Uchihasi – Live. Acidmothersguruguru – Underdogexpress. Acidmothersguruguru – Psychedelicnavigator.

Alle Alben von Guru Guru

1970 – Ufo (LP, Ohr/ CD, 1989 Ohr + 1999 ZYX Ohr/Pilz).
1971 – Hinten (LP, Ohr/CD, 1989 Ohr + 1999 ZYX Ohr/Pilz).
1972 – Känguru (LP, Brain/CD, 1992 Brain).
1973 – Guru Guru (LP, Brain / CD, 1990 Polydor-Japan) + 1997 Repertoire).
1973 – Don't call us, we call you (LP, Atlantic Records/CD, 2006 Revisited).
1973 –This Is Guru Guru (LP, 2001/ brain).
1974 – Dance of the Flames (LP, Atlantic/CD, 2006 Revisited).
1974 – Der Elektrolurch (2 LP, Brain /CD, 1996 Spalax).
1975 – Mani und seine Freunde (LP, Atlantic / CD, 2005 Revisited).
1976 – Tango Fango (LP, Brain / MC, 1976 Brain / CD, 1997 ThinkProgressiv + Captain Trip).
1977 – Globetrotter (LP, Brain/MC, 1977 Brain).
1978 – Live (2 LP, Brain/CD, 1995 ThinkProgressiv).
1979 – Hey Du (LP Brain/CD, 2006 Revisited).
1979 – Story of life – Best of Guru Guru- (LP Brain).
1981 – Mani in Germany (LP GeeBeeDee/CD, 2003 Fünfundvierzig).
1983 – Guru Mani Neumeiers neue Abenteuer (LP, Biber).
1986 – Guru Guru / Uli Trepte, Hot On Spot (LP, United Dairies/CD, 1995 ATM).
1987 – Jungle (LP, Casino).
1988 – Guru Guru 88 (LP, 1988 Casino).
1993 – Shake well (LP/CD, ZYX Records).
1995 – Wah Wah (LP, 1995 / CD, ThinkProgressiv).
1996 – Mask (auf 1000 limitierte Auflage CDs, ThinkProgressiv).
1997 – Moshi Moshi (LP / CD, ThinkProgressiv + Captain Trip).
1999 – Live '98 (Finkenbach '98, Supersession & Frankfurt a. M. '71; –

2 LP, Fünfundvierzig / 3 CD, Captain Trip).
2000 – 2000 Gurus (CD, Fünfundvierzig).
2003 – Essen 1970 (LP, Amber / CD Garden of Delights).
2005 – In the Guru Lounge (CD, Revisited).
2007 – Wiesbaden 1972 (CD, Garden of Delights).
2008 – PSY (CD, 2008 Trance).
2009 – Live in Finkenbach 2008 (Trance).
2011 – Doublebind (Trance).

Alben von Mani Neumeier

1981 Mani Neumeier.
1983 Waldmeister (limitierte MC).
1992 Privat (mit Hubl Greiner, Jan Fride, Jim Meneses und Paramashivan Pillai).
1993 Terra Amphibia.
1998 Terra Amphibia 2.
2002 Birthday.
2005 Terra Amphibia 3 - Deep In The Jungle.
2007 Sketches.

Weitere diskographische Informationen auf der Webpage zu dieser Anthologie.

WEBTIPPS

Weitere Informationen zu dieser Ausgabe der Serie „Masterminds“ sowie Mani Neumeier und Guru Guru nebst Webadressen zur Thematik und mitwirkenden Musikern, diskographischen Empfehlungen und Literaturhinweisen finden sich im Internet unter der URL

www.heupferd-musik.de/guru_guru.html

Die Webadressen der Websites von Mani Neumeier und Guru Guru lauten

www.mani-neumeier.de
und
www.guru-guru.com

Die Webadresse der Homepage des Vorwortschreibers Volker Rebell lautet

www.volker-rebell.de

DANKSAGUNG

Herzlichen Dank an alle Freunde und Fans, Musiker und Roadies und alle, die mitgeholfen haben, Guru Guru über all die Jahre erblühen zu lassen. Besonders auch den lieben Mädels, bei denen wir in den ersten Jahren übernachten durften… . Mein ganz besonderer Dank gilt ausserdem Edy Nägeli (Git.), Conny Veit (Git.), Butze Fischer (Dr.), Conny Plank (Mix), Uli Trepte (B.) und meinem Meister Paramashivam Pillai. Sie mussten unsere Welt leider viel zu früh verlassen, gern hätte ich mit ihnen noch viel mehr unternommen. RIP.

Mani Neumeier.

Bilder von Wilfried Bauer, Tai Lüdicke, Manfred E. Neumann, Etsuko Watanabe, Metronome, alle Übrigen privat / PR (nicht identifizierte Fotografen werden gebeten, den Verlag zu kontaktieren).

ISBN 978-3-923445-10-3

Ediert in Kooperation mit
Zweitausendeins • www.zweitausendeins.de